视觉笔记

如何高效阅读一本书

詹茜◎著

北京联合出版公司
Beijing United Publishing Co.,Ltd.

图书在版编目（CIP）数据

视觉笔记：如何高效阅读一本书 / 詹茜著. — 北京：北京联合出版公司, 2019.7（2020.4重印）

ISBN 978-7-5596-3335-4

Ⅰ. ①视… Ⅱ. ①詹… Ⅲ. ①读书方法 Ⅳ. ①G792

中国版本图书馆CIP数据核字（2019）第115872号

视觉笔记：如何高效阅读一本书

作　　者：詹　茜
出版统筹：朱文平
责任编辑：李　伟
特约编辑：唐青平
封面设计：刘红刚

北京联合出版公司出版
（北京市西城区德外大街83号楼9层　100088）
印刷：三河市金泰源印务有限公司　　经销：新华书店
字数：100千字　　开本：880 × 1230 1/32　　印张：5.5
2019年7月第1版　　2020年4月第2次印刷
ISBN 978-7-5596-3335-4
定价：36.00元

目录

第一章

学习阅读的好帮手

——视觉笔记

在这个读图的时代，掌握视觉笔记就像是掌握了一门流行语言，让你的沟通和交流如虎添翼，为你的自我展示增光添彩。

在具体讲阅读方法前，给大家介绍一个实用的学习工具——视觉笔记。

首先让我们来认识一下视觉笔记到底是什么。

下图是我阅读《高效能人士的七个习惯》一书后，画出的视觉笔记。通过笔记我们可以看出，高效能人士的七个习惯分别是什么，每个习惯之间有怎样的联系，书中有哪些地方值得注意，在接下来的生活中可以通过哪些行动来养成习惯。

为什么一张图片就可以表达书中重要的内容呢？这就是视觉笔记的特别之处。

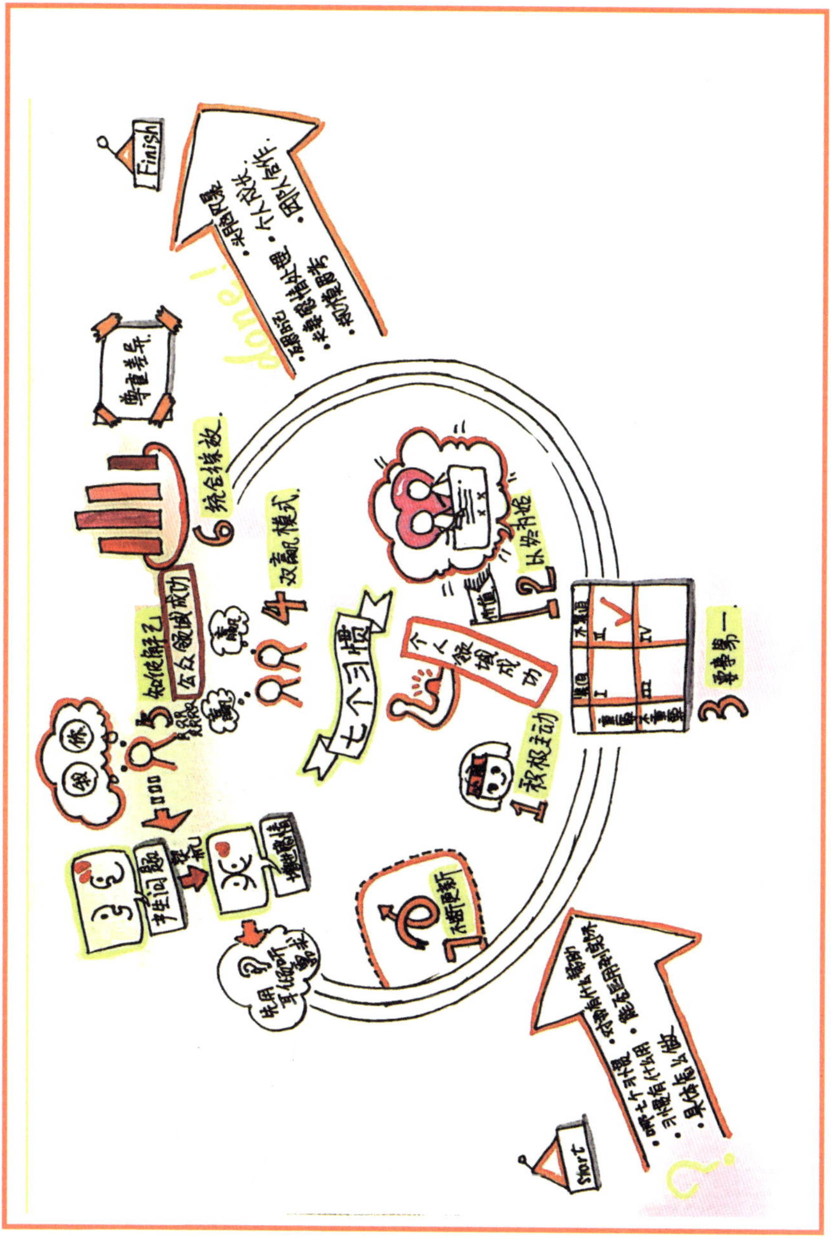

Finish
done!
Start
七个习惯
个人领域成功
公众领域成功
1 积极主动
2 以终为始
3 要事第一
4 双赢模式
5 知彼解己
6 统合综效
7 不断更新
尊重差异

1.1　与传统笔记相比

你会对着传统笔记哭，却会对着视觉笔记笑。

你还记得你在阅读或学习的过程中，在笔记本上记下来的密密麻麻的笔记吗？一眼望去，你能找出笔记的重点是什么吗？你有多次翻阅传统笔记的兴趣吗？你记了这么多的内容，真正记住的又有多少呢？如果我把之前的笔记换成一堆文字，你还能清楚地记得我笔记中的具体内容吗？

相比于传统笔记，视觉笔记有以下优势：

1. 画面丰富，吸引力强；

2. 简单易懂，轻松有趣；

3. 浓缩简练，利于吸收；

4. 图像较多，锻炼右脑。

对于阅读初学者，视觉笔记是一个好帮手，它可以帮你轻松地从一张图中吸收到一本书的内容。

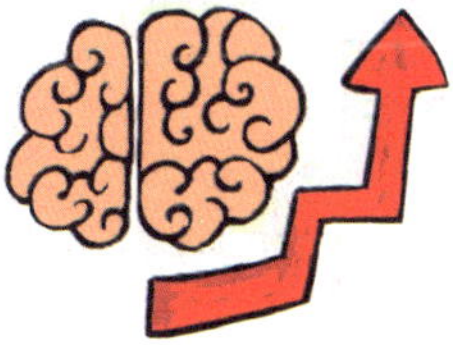

我们已经厌倦阅读一大段一大段的文字，那么就让我们通过图文结合的方式来学习阅读吧，通过图像来提高你对阅读这件事的理解。视觉笔记不仅可以锻炼我们图像处理的能力，还能让图像帮助我们加深对事物的记忆和理解。

绘制一张视觉笔记的时间需要二三十分钟，在这段时间里，你吸收的知识远比用纯文字做笔记时吸收得多。

在绘制的过程中，你会筛选出重要的内容，对信息进行一系列的分析、综合，这不仅加深了对书本内容的理解和思考，同时也为之后的回味和复习奠定了基础。

视觉笔记会让你变得越来越聪明，因为它会使你更高速有效地运转你的大脑。

1.2 视觉笔记的构成

视觉笔记的构成十分简单，你可以轻松掌握此项技能。

还是以上图为例，先来讲解一下视觉笔记的各个组成元素。

视觉笔记由标题、项目符号、边框、连接符号、图像和文字这六个基本要素，以及排版模型和图像效果这两个辅助性要素组成。

视觉笔记中的**标题**有很多，主标题概括的是一篇视觉笔记的主要内容是什么，可以是一本书的名字，可以是一节课

的概要，也可以是一个观点的总结。

书里每个部分的具体内容都是由一个小标题概括而来，它们共同组成了一篇视觉笔记的核心内容。

标题的文字尽可能完整且突出，摆放在画面醒目的地方。主标题的文字要大于小标题，小标题下的内容文字则为最小，在结构上做到主次分明，便于阅读。

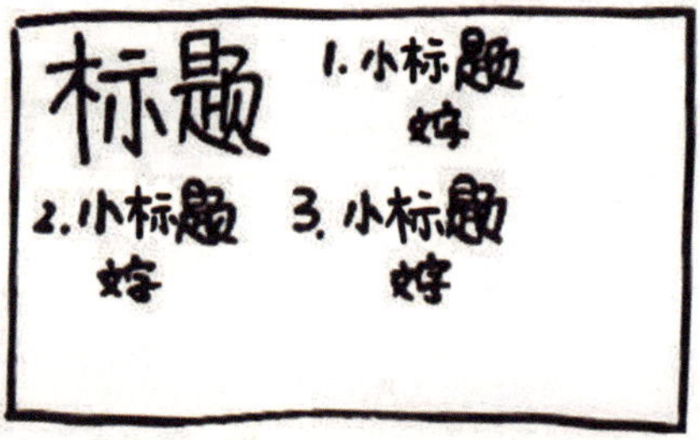

每个小标题下的内容由各种**项目符号**标明，让你在阅读

的过程中能清楚明白地知道各部分的具体内容和逻辑。

边框可以帮助我们分辨各种内容，使各部分内容清楚独立，在视觉上不会给人模糊不清的感觉。

连接符号指的是笔记中的各种箭头，它们的作用是使每个部分可以相互连接，并指引读者沿着箭头的方向阅读相关内容。

视觉笔记是以一种图文结合的方式呈现出来的笔记，因此笔记中的**图像**是视觉笔记中的重要组成部分，读者可以通过图像和文字的结合，轻松地掌握表达出来的具体内容。在这里，图像和文字是密不可分的，当你只有图像的时候，读者不一定能看懂图像背后的深意，**文字**可以辅助理解图像的具体含义。

视觉笔记有几种常见的排版模型：线性型、路径型、模块型和爆米花型。线性型的排版最简单方便，利于读者阅读；

路径型的排版通常表达在目标主导型项目中；模块型的排版展示事物的各个分部，利于总揽全局；爆米花型的排版，焦点在中心，周围是围绕中心展开的内容。读者可以根据具体内容排版，也可以自己设计不同的排版方式，排版的目的是让内容条理清楚，便于查看。

图像效果包括基本元素的上色、字体的绘制、线条的加粗及图像的投影等，目的在于丰富画面，突出内容。

熟练掌握视觉笔记的构成，是你快速出图的关键。

1.3 视觉笔记的核心——视觉思维

如果把视觉笔记比喻成一串珍珠项链，那么视觉笔记的基本元素和辅助性元素就是项链里的珍珠，而视觉思维就是穿起珍珠的那根透明无形的线。没有视觉思维，也就没有视觉笔记。

简单来说，视觉笔记的目的是把各种信息通过图文结合的方式表达出来，方便他人理解和记忆。视觉思维其实就是把信息转化成图像的过程，经过大量的刻意练习，一般人都可以掌握这个方法。

或许很多人会说，自己不会画画，不能把文字转换成图像，学不好视觉思维，也画不出视觉笔记。**在这里，我要告诉大家，人人都会画画。**视觉笔记不需要艺术家般的绘画水平，只要你会画简单的线条和图形，你就可以画出一幅好看且实用的视觉笔记。

让我们回想一下小时候，大家是否都喜欢在纸上涂涂画画，大家是否都有在墙上乱涂乱画的经历。古代没有发明文字的时候，我们的祖先也是在墙上画画，虽然他们没有过人的绘画天赋，但依然可以通过画画来交流，画画是我们与生俱来的能力。

究竟什么样的绘画水平可以完成一幅视觉笔记呢？这里的绘画不是创作，不需要精湛的绘画技巧，只需要你看到什么、想到什么，用简单的图文把它呈现出来就可以了。掌握一般的简笔画绘制方法，就是你掌握视觉笔记所需要的技能。

所有的图画都是由点、线、面三者构成，通过对这三者的再加工和组合可以画出不同的图像，只要会画点线面，就可以画出想要的视觉笔记。

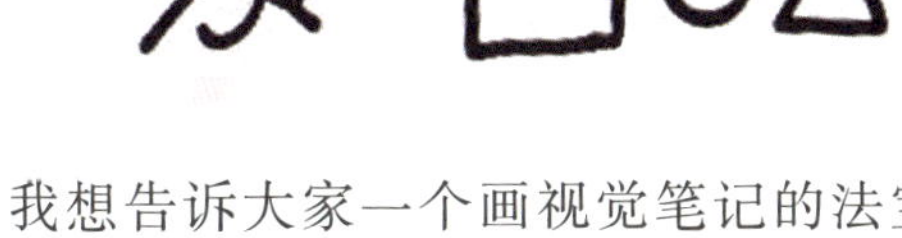

在这里，我想告诉大家一个画视觉笔记的法宝，那就是

建立视觉元素资料库。我们可以主动留意并积累大量感兴趣的视觉元素，当遇到相同的关键字时，第一时间在资料库里查找相应的视觉元素。

视觉元素好比视觉思维中的单词，是一些客观且有固定意义的图像。我们在日常生活中，要对人、事、物进行细致入微的观察，抓住他（它）们的特征，然后画出来。慢慢积累一些常用的小图像，建立属于自己的资料库，在画视觉笔记时会大大节约时间，提高效率。

建立资料库的关键点：

1. 你可以用简笔画搜索来填充你的资料库

首先，你可以搜集常用的基础元素，包括箭头、对话框、指示牌、文本框、火柴人等，这些元素是一篇视觉笔记必备的图像；其次，你可以搜集你感兴趣的主题相关图像，比如阅读、饮食、职业、电子产品和家具等的图像；再者，你可以广泛阅读视觉笔记相关书籍，在书中学习并吸收其他作者现成的图像。

2. 图像尽可能简单，但一定要突出特征

简单的图像能节约你绘画的时间，突出的特征能让人一眼就认出你所表达的内容。

视觉元素资料库的建立可以满足绘制视觉笔记的基本要求，但这并不是视觉笔记的全部。在绘制的过程中，我们还可以通过联想和想象、类比和比喻的方式，把复杂抽象的文字转化成简单易懂的图像，以此来捕捉我们的创意和灵感。

在绘制视觉笔记的过程中，我们不仅要掌握直接绘制图

像的方法，还需要掌握一些思维模型的绘制方法，以此来加快视觉笔记的绘制速度。

常用的思维模型有二维矩阵、黄金圈法则、5W2H分析法、思维金字塔、流程图、三维度和饼状图等。接下来，我将简单介绍各种思维模型的具体内容。

二维矩阵常用于衡量维度，来分析人、事、物的属性，展示他（它）们之间的关系，帮助建立全局认知。

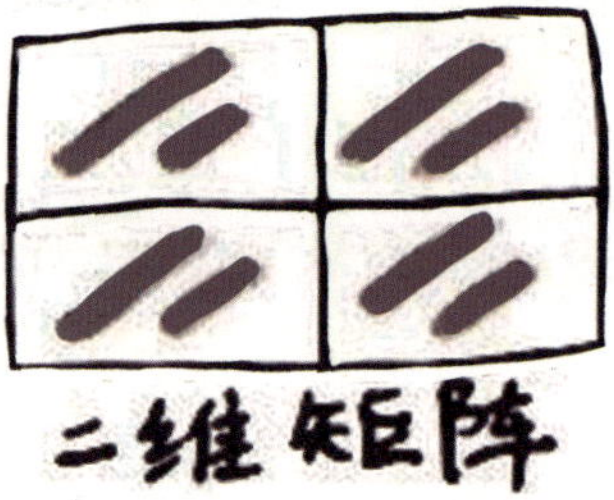

黄金圈法则从Why（为什么）出发，再分析What（什么）和How（怎样），了解项目的重点内容或高效解决问题。

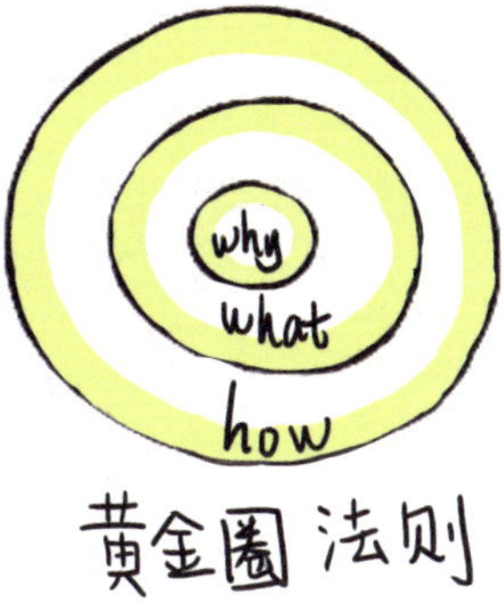

5W2H 分析法也叫七问分析法。分别是 What、When、Why、Where、Who 和 How、How much，利用它们可以回答项目开展过程中的一些基本问题。

思维金字塔是从一个中心论点出发，找到几个论据支撑，而每个论据又可以作为一个论点，被下一级的论据支撑，如此延伸，就形成了金字塔结构。

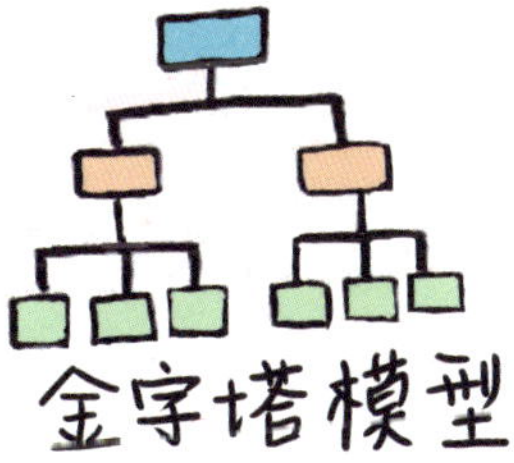

流程图是使用方块和箭头表达过程的图画。使用流程图可以根据一定的条件判断并解决问题。

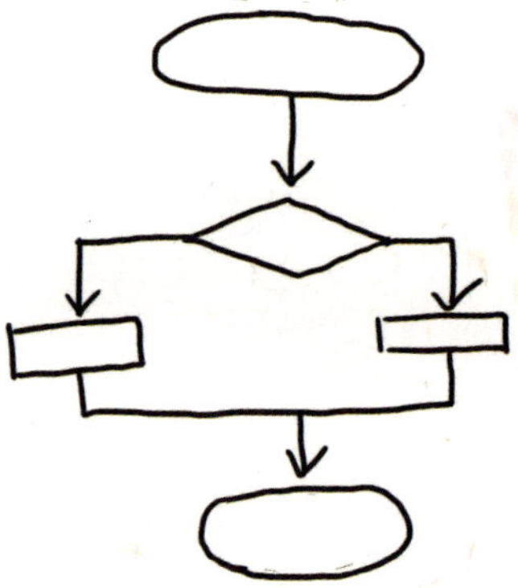

三维度是将问题从多维度展开进行分析，并从每个维度中找出相应因素。很多现象背后的原因都是多种多样的，因此三维度的应用十分广泛。

饼状图常用于统计事物不同类别的具体数据。

饼状图

在阅读的过程中，当遇到相似的内容，我们可以用思维模型画出来，梳理内容的脉络，加速对整体内容的理解和掌握。

1.4 视觉笔记的绘制方法

绘制视觉笔记的过程是对书本内容的一次深入了解和探索。

绘制视觉笔记的步骤很简单：首先阅读书本，其次在头脑中对主要内容进行视觉转化，再者把转化后的内容画出来。

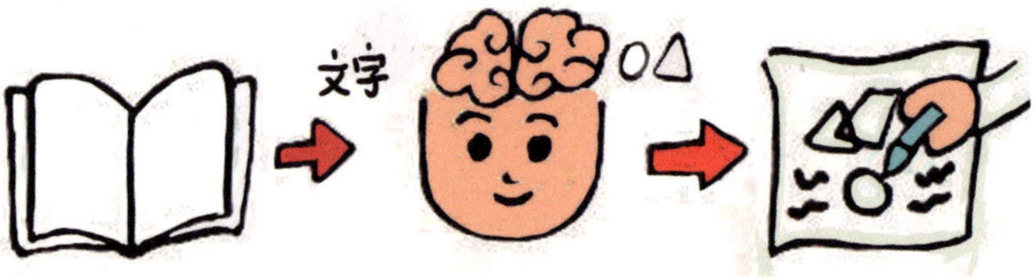

具体操作如下：

1. 在阅读的过程中，把关键点和你想要记录的部分通过视觉思维转化成图像，这时可以参考你的视觉元素资料库，或通过百度检索关键字简笔画，把图像储存在你的脑海里。

2. 通过阅读，对书本的基本结构有个大致的了解，结合视觉笔记的排版模型，在头脑中构思出视觉笔记的基本结构。

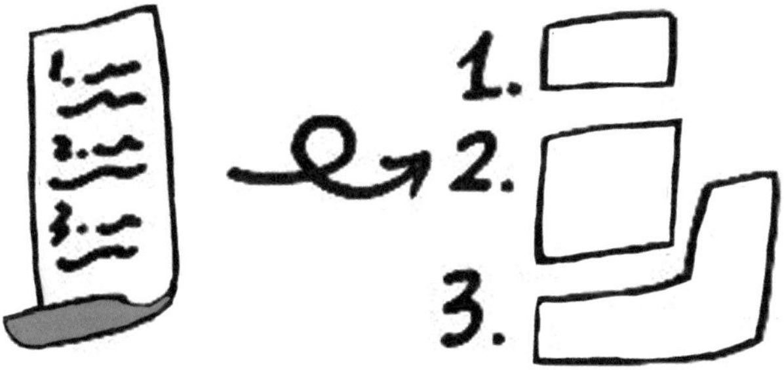

3. 结合视觉笔记的六个基本要素和两个辅助性要素，把你想到的内容画出来，最后再添加一些装饰，使画面更加漂亮丰富。

在绘制过程中需要注意以下几点。

1. 明确阅读目的

在绘制视觉笔记的时候，我们必须清楚阅读的目的是什么。只有做到心中有数，才会在阅读的过程中时刻关注我们想要了解的内容，从而筛选出想要记录的信息。

2. 呈现事实

一千个读者心目中有一千个哈姆雷特，我们在绘制的时候要尽可能地记录书中的客观事实，最大限度地确保书中精华没有偏颇地呈现在视觉笔记上。这样做的好处是：在理解文章的时候，不会受主观因素的影响；在进行复盘的时候，可以以客观事实为基础，充分发挥主观能动性，得出准确且多维的见解和想法。

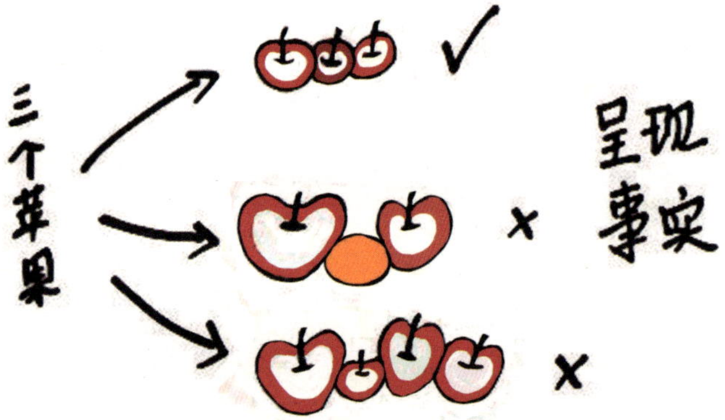

3. 大胆做减法

一本书的精华要浓缩成一张视觉笔记，不得不进行大量的删减和筛选。由于我们明确地知道阅读的目的，因此，在做笔记的时候要减去不相关的内容。

在做减法的时候问自己三个问题，此内容：

①**跟我的阅读目的关系大吗？**关系不大的果断删除。

②**是我感兴趣的吗？**不感兴趣的果断删除。

③**有助于我理解全书吗？**无助于理解的果断删除。

4. 明确内容的逻辑结构

我们通常可以通过一本书的目录了解整本书的逻辑结构，非虚构类书籍常用的逻辑结构为总分总的形式，我们可以通过之前介绍的排版模型加以绘制。

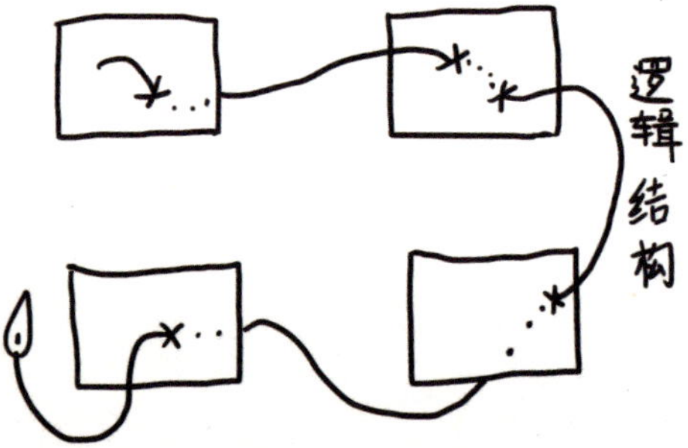

5. 笔记中应加入思考和下一步行动

视觉笔记的作用不仅是帮助我们理解和记录书中的内容，更重要的是让我们在阅读的过程中进行思考，并在实际生活中加以利用。因此，阅读后的思考和下一步行动是非常重要的。这部分内容将会在之后的环节中详细讲解，在这里读者只要清楚地知道，在画视觉笔记的时候，给思考和行动的书写留一点空间。

当你绘制出一份完整的视觉笔记，你收获的东西远比书

本本身要多得多。

小复习：

1. 视觉笔记的优势在哪里？

2. 视觉笔记的构成元素有哪些？

3. 视觉思维具体指的是什么？

4. 画视觉笔记时要注意些什么？

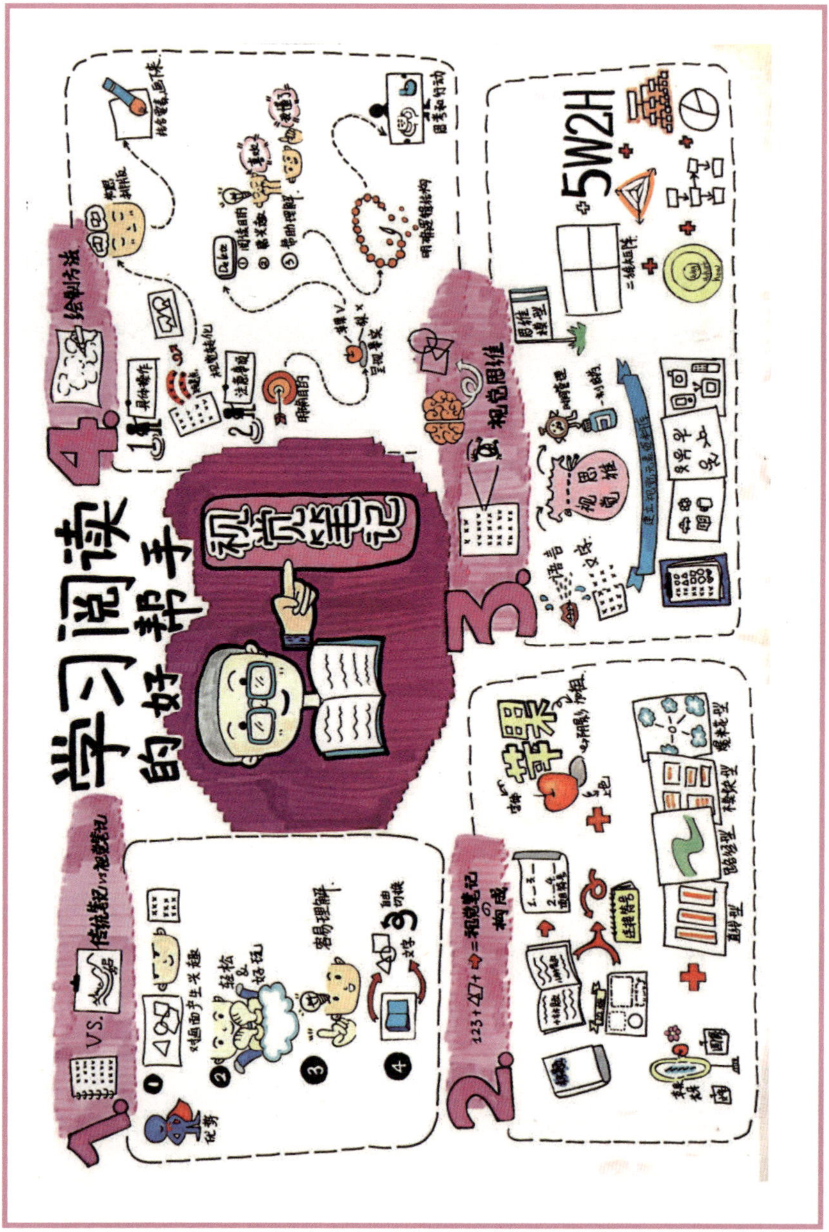

学习阅读的好帮手
视觉笔记
1. 传统笔记 VS. 视觉笔记
容易理解
2. 123+△○+→=视觉笔记的构成
3. 视觉思维
思维模型
二维矩阵
5W2H
4. 绘制方法

第二章
认识阅读

在学习阅读前，我们应该了解一个概念，阅读到底是什么？是拿起一本书，从头到尾，一字不落地看完吗？阅读完本章，你或许会对阅读有新的认识，阅读跟我们想象的可能有点不一样。

阅读的定义是通过视觉材料获取信息的过程，阅读是一个探究、鉴赏、理解、领悟、吸收及评价的过程。

视觉材料包括书本和文章，也包括一些其他可以提供信息的物质材料与精神材料，比如风土人情、自然风景和经典建筑等。

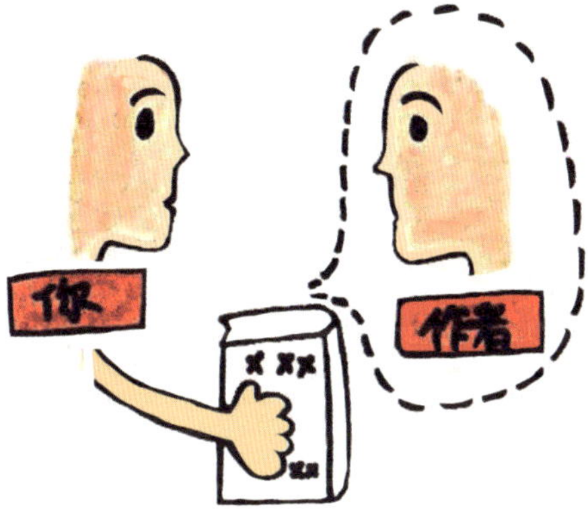

当你阅读书本和文章的时候，你实际上是在与许多有趣的灵魂对话；当你阅读风土人情的时候，你实际上是在经历不一样的人生；当你阅读自然风景的时候，你实际上是在享受大自然带给人的欣喜和宁静；当你阅读经典建筑的时候，你实际上是在了解人类的激情与创造力。阅读，不仅仅局限于书本和文章，我们还可以打开心灵，去阅读这广阔的世界。

当然，我们可以从阅读书本和文章开始，初步掌握阅读的能力。当你学会了阅读书本和文章，就可以阅读更多的事物。

2.1 阅读的本质

阅读能帮助我们解决问题，学习到更多的知识和经验，帮助我们成长。我们需要带着目的去阅读，在阅读过程中找到想要学习的内容。

很多人阅读的时候都是盲目的，不知道阅读的目的是什么，一拿起书本就开始不讲章法地阅读。当阅读完，他的知识水平没有提升，他的思想层次没有改变，他的生活状况也没有任何改善。

阅读不是让你仅仅花费掉时间的事情，而是可以给你带来改变的事情。要让阅读成为一种有意义的行为，我们必须掌握有效阅读。

当带着目的去读书，我们更能去粗取精，忽略书中对我们帮助不大的内容，掌握对我们来说最有价值的信息。这样做，我们能更客观地看待一本书的内容，不会因为其中跟我们不相关的瑕疵而影响读书心态，后续评价此书，也不会只看到其缺点，而忽视其优点。

当读完一本书之后，我们不该把它就此搁在一旁。我们应当把习得的理念运用到生活中来：通过对书中信息的再加工，充分理解其内容和形式，改变我们的知识结构和认知层次，进而正面影响我们的行为处事。

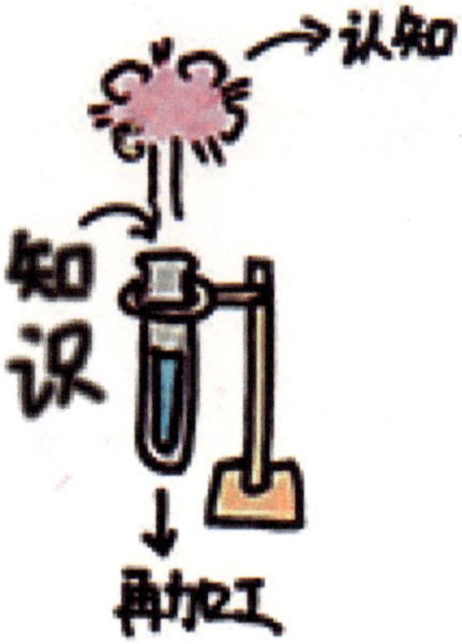

读书并不是为了告诉别人我们在读书，并不是为了伪装成文化人和知识分子。我们读书，是为了改变自己，让自己更加勇敢，更加坚毅，更加有能力地面对现实生活。

2.2 阅读的误区

很多人自以为会读书，却陷入了阅读的误区，读书是否有收获是检验阅读最好的标准。看看你有没有走入以下的阅读误区。

1. 不会筛选书本

你是否有过以下几种情况：有些书你读不下去；有些书你读不懂；别人推荐什么书，你就去读什么书；你看到各种各样的书都想读，却没有读好任何一本书。究其原因，你不会筛选适合你的书籍。

2. 不会读书

你在阅读一本书的时候，是不是从序言开始，一字一句地读到最后一页，不放过任何一段文字和图表，甚至连注释也要仔细阅读。当你读完的时候，却不清楚书到底讲了哪些内容。这样读书，让你在一些不重要的内容上，花费掉大量的时间。

3. 看完就完了

很多人读书，总觉得只要把书里的内容全部看完，就算读完了一本书，这是不对的。“读完”只是阅读的一部分，阅读过程中更重要的是对学到的内容进行总结和思考，并进行输出和实践。如果你读完不做任何输出和实践的话，你就会读成书呆子。

从现在开始，避免以上几个阅读误区，开始高效阅读吧！

2.3 阅读的态度

你怎样对待阅读，阅读就会用怎样的方式回馈你。在阅读过程中，不能抱着侥幸的心理，必须全情投入，阅读才会给你百分百的收获。

我们拿到书本的时候，一定要积极主动地阅读。只有主观上重视，才可以吸收到更多的知识。

要清楚一点，书本是为我们服务的，不同的书有不同的阅读方式，不可以一概而论。有些书适合粗略地翻看，而有些书适合细致地精读。不要因为一本书读不懂而放弃阅读，也许只是那本书不适合你，世上的好书这么多，你可以试着换一本更适合你的书籍。不要因为读完了一本书而沾沾自喜，也不要因为有太多书没读而愧疚。

把阅读的心态放开，积极地去接受每一本书。不同的书有不同的性格，性格不合可以分开，性格合适可以多多交流。抱着一种多学习、多尝试的心态去对待你的每一次阅读，在阅读的过程中找到适合自己的阅读方法。

一定要形成自己的阅读习惯，才会在阅读的过程中游刃有余。你会发现，阅读是如此简单，却又令人受益匪浅。

2.4 阅读的目的

阅读一定要有目的，只有清楚阅读的目的，你才会把注意力集中在你关注的内容上，才能真正读进去。

阅读的目的不仅可以帮助我们选择合适的书籍，而且还能让我们清楚地知道，书中的哪些价值点是我们想要了解的。我们对一本书要求得越多，收获才会越大。

阅读的目的有很多：有些人为了获取信息，有些人为了打发时间，有些人为了考试，有些人为了精神的愉悦。

获取信息相对来说比较简单，我们只要提出问题并找到答案即可。一本书能够出版，一般都有其独特的价值，作者一般是在某个方面比平常人厉害：可能知识面更广，可能能力比我们强，可能其思维、视角另辟蹊径。不论读书的目的是什么，我们都不应该仅仅停留在获取信息的层次，我们更应该关注作者的观点和想法、思维和视角、价值观和方法论，通过活学活用，指导自身的行动。

带着目的阅读，我们的专注力和敏感度会得到提升，会更快地发现我们想要了解的内容，进而实现高效阅读。

高效阅读可以帮助我们节约时间，在最短的时间获得最丰富、最有用的内容，帮助我们改变自己。在社会的竞争赛场上，实现弯道超车。

小复习：

1. 阅读的本质是什么？

2. 阅读的误区有哪些？

3. 阅读的目的是什么？

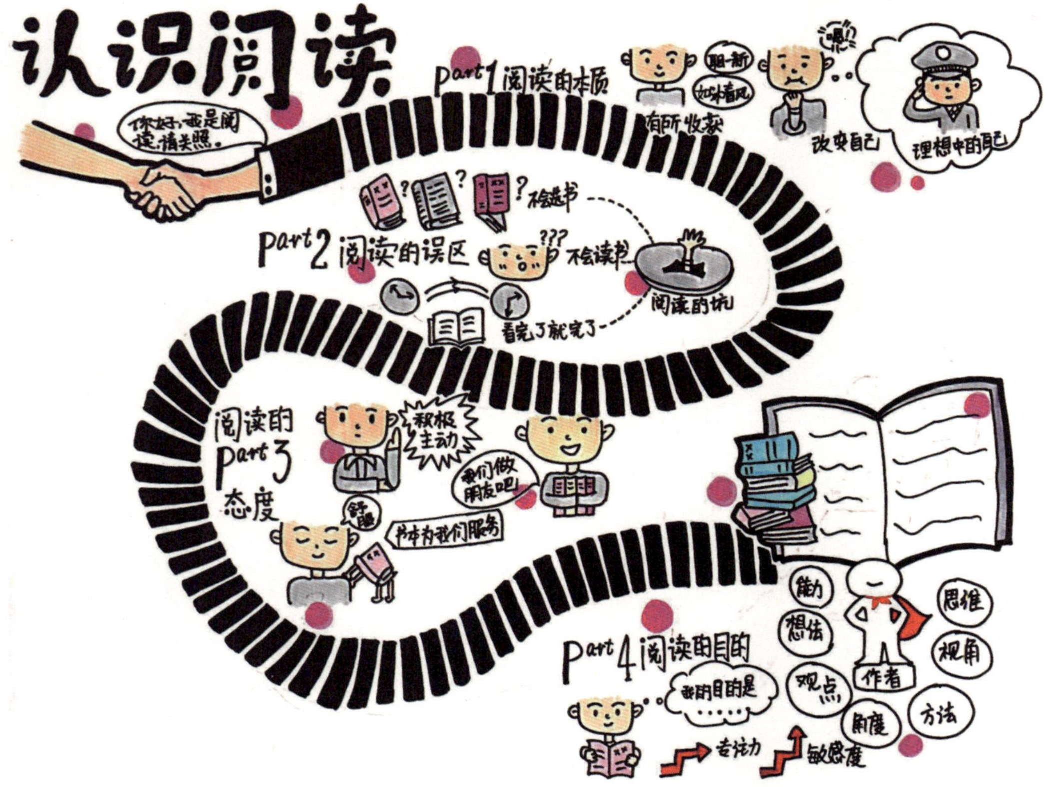
认识阅读
你好，我是阅读，请关照。
part1 阅读的本质
耳目一新
如沐春风
有所收获
嗯
改变自己
理想中的自己
不会选书
part2 阅读的误区
不会读书
阅读的坑
看完了就完了
阅读的 part3 态度
积极主动
我们做朋友吧
舒服
书本为我们服务
part4 阅读的目的
我的目的是……
专注力
敏感度
能力
想法
观点
角度
作者
思维
视角
方法

第三章

快速阅读

为什么我们需要掌握快速阅读？因为，在这个日新月异的时代，到处都充斥着各种各样的信息，而谁能快速获得这些新鲜的信息，谁就能快速了解这个社会，脱颖而出。快速阅读可以帮助我们节约阅读的时间，同时掌握丰富的信息。掌握了快速阅读，快速获得信息就不在话下。

我们每天的生活中，杂事太多，而时间太少，花在阅读上的时间则更少。为了更好地适应快节奏生活，提升谋生技能，我们需要大量阅读，而快速阅读正是大量阅读必不可少的组成部分。

什么是快速阅读呢？快速阅读是在有限的时间里尽可能多地掌握一本书的内容的方法。

3.1 书籍的选择

并不是每一种书都适合用快速阅读的方法来阅读，适合快速阅读的书籍一般是工具类书籍，我们通常会想要通过工具类书籍迅速掌握某项技术，解决生活中遇到的问题。

在前文我们谈到，并不是每本书都适合每一个人，这跟读者自身的知识水平和当下所处的环境有关。别人的必读书目，不一定适合你，选择适合自己的书籍是快速阅读的前提。

选书的第一原则是——选择好书。

何谓好书？如今出书的门槛越来越低，中国一年有近二十万种的新书出版，书籍质量参差不齐。如果选择了一本不好的书，不仅浪费了时间和金钱，也浪费了本该读好书的精力。因此，与读书相比，选书更重要。

在选书的时候，我们要了解一下作者和出版社。作者的大致情况是怎样的？是否是这方面的专家？他写的书是否有价值？不清楚作者状况，也可以了解一下出版社。每个出版社都有自己出版的标准，口碑好的出版社出版的书一般不会太差。

我们还要看看网络上的评价，比如豆瓣读书的书评，知乎和微信公众号等平台也都可能有购书者的评论，先了解一下大家对这本书的看法和感想，看看大家是否觉得这本书值得阅读，顺便看看是否有戳中你的阅读渴望的点。

选书的第二原则是——选择适合你的书。

首先要看是否满足你现有的知识水平。市场上一些小说、散文等文学作品以及一些普及类大众读物是比较通俗易懂的，与此同时，市场上也有一些专业的、艰深的大部头专业性书籍，你要清楚自己当下的水平如何，能否读懂这样的书。如果太难，可以降低难度，先读一些浅显易懂的入门书籍。

然后还要看看是否适合当下你的具体情况。有些时候，读书是讲感觉的，很多书读不懂或没有收获，并不证明它不是好书，只能说你在当下没有遇到相似的情况，它对你没有启发，并不代表之后你对它不会产生浓厚的兴趣。

选书的第三个原则是——选择感兴趣的书。

感兴趣

俗话说，兴趣是最好的老师。当你对一本书有浓厚的兴趣时，你会积极主动地去读，你会很容易读懂一本书，你会有动力和热情去理解书中的意思，你更会发散思维去研究书中的内容，结合自身的想法，与书中的思想碰撞出美妙的火花。

现在，你已经选好了一本书：对你来说，它一定是实用的，你迫不及待地想从它当中寻求知识；它也一定是你感兴趣的，你期待着用最短的时间深入了解它、熟悉它，从而运用它。选书是一门学问，既然你已经选择好当下最渴望快速阅读的书籍，接下来，就让我们开启快速阅读之旅！

3.2 纵览全书

当你和一个人第一次见面的时候，你会注意些什么？你会从前到后打量他，仔细看他的五官特征和体形胖瘦，看他的穿着是绅士还是随意，这是他给我们的第一印象。同样，书本也会给我们一个整体的第一印象。

当你拿到一本书的时候，重中之重是告诉自己：我要在最短的时间阅读完这本书，并要有所收获。

现在，我们要讲解以下步骤，这些步骤是快速阅读的基础，也是快速阅读的重点。

第一步：对整本书有一个大致的了解。通过预览该书的封面、封底和前后勒口，了解该书的主副标题、宣传文案、作者简介、内容简介及媒体推荐等。我们可以从这些信息中清楚地知道此书内容的含金量、作者的人际关系范围、外界对此书的评价，以及此书是否符合自己的胃口。

第二步：了解作者的立意、初心以及完成度。读读书中的前言、序言或后记，它们算是一本书的门面，是作者把整本书的精华总结出来吸引读者阅读的最有力的篇章。读过前言、序言或后记，你会了解本书作者引以为豪的是书中哪个部分，以及本书作者或其他媒体认为此书有待完善之处是哪些部分。

以上内容的阅读时间大致需要花费五分钟，而这五分钟，你已经对整本书有了自己的判断。

第三步：再花五分钟的时间，了解整本书的脉络。这时候，你需要翻看该书的目录。通常一本书的目录就是作者写作该书的逻辑框架。你能从目录中了解该书具体讲了哪几个部分的内容，每个部分是怎样安排的。从中，你会对该书有一个大致的了解，你可以找出一些关键字，它们是你想要阅读的内容，涉及你亟待解决的问题的答案。

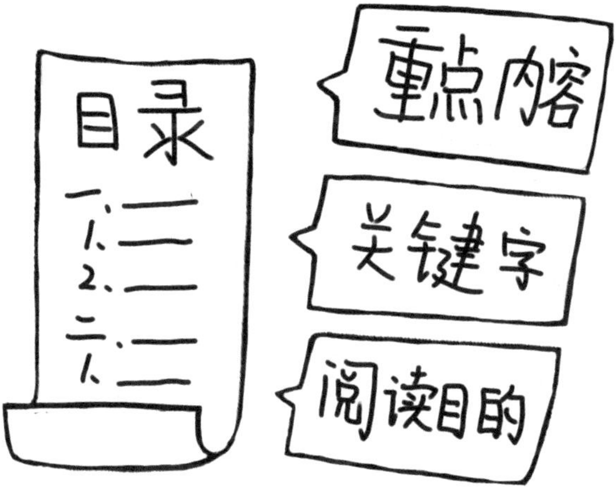

第四步：快速翻动所有书页。用一秒大概两页的速度，把整本书翻看一遍。留意每一页中的标题、粗体、表格和图像，弄清楚本书的大体布局是怎样的：整体上是文字居多还是图片居多？段落排版是较为密集还是较为开阔？字体使用是较为多样还是较为严谨？各部分的篇幅占比有何偏重？做到心中有数。

在翻阅的过程中，要注意搜索之前找出的关键字，同时还要找出你认为重要的地方。快速翻阅时，难免会错过你认为重要的信息。这时候不要担心，也不要花时间返回重新看一遍。记住，快速翻阅的目的是了解该书的大致情况，具体的内容我们会在接下来的时间里仔细阅读。

短短的十分钟时间，我们要得到的信息却有这么多，大部分人会觉得办不到。其实纵览全书，花费不了多少时间。难点在于翻看的时候需要找出快速阅读的重点环节，这对于初学者来说比较困难。初学者可以通过找准一个关键词或一个重点，不断练习，不断提高标准，练习得多了，阅读得多了，对文字的敏感度和对内容的把握度就会加强。这是一个循序渐进的过程，要给自己信心，从小处入手，慢慢成长。

十分钟

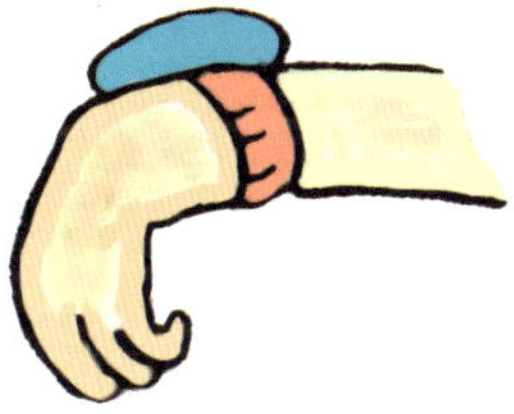

你已经对你面前这个人有了大致的了解，包括他的外貌、动作和情态，那么他身上的哪些特点是你特别感兴趣的呢？你对他还有哪些疑问呢？接下来，我们可以根据你想要深入了解的地方，和这个人好好聊聊，挖掘他更深层次的信息。同样，我们也要对一本书有更深的了解。

3.3 扫读和跳读

你的脑海里已有一个大体印象，或许这个人的特长爱好是你感兴趣的话题，他的工作领域是你想深入了解的内容，他待人接物的方式值得你学习和探讨。接下来，你可以就感兴趣的部分提出问题，与他交流，达成有价值的会晤。

同样，当我们知道阅读的重点之后，接下来就要扫读和跳读。着重阅读关键字相关的内容，以及你认为重要的其他内容。你可以用手指快速划过书本的每一行字，当看到关键字的时候，停下来仔细阅读。这种方式可以加快你的阅读速度。当你清楚地知道某部分内容与你的阅读目的不符时，应该果断跳过，避免在不相干的文字上花费过多时间。

在阅读过程中，有几点需要注意。

1. 明确作者的写作思路。当你了解了作者的写作思路，阅读的时候，就能清楚地知道作者的重点内容在哪个部分，这样我们可以找到重要环节，重点阅读。

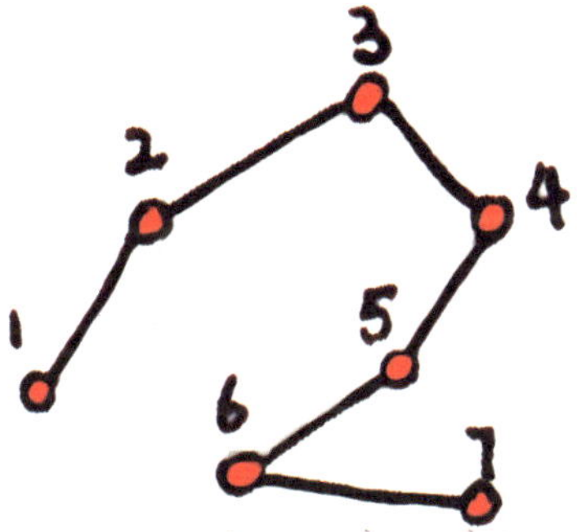

明确作者的写作思路

2. 清楚行文布局上明显的重点区域。清楚作者的中心思想或文章概要会出现在哪些地方。通常，一个标题下的第一段文字是作者为解释标题所做的内容说明，一段文字的结尾部分是作者对上述内容做的总结，粗体是作者认为重要的内容，读者必须清楚这些简单的写作技巧。我们可以着重阅读上述部分，以此来了解每个章节的主要内容。我们需要通过大量的阅读和输出，发现作者写作的规律，熟悉之后，能快速地掌握书中的重点内容。

3. 发现新的阅读目标。我们在阅读过程中，通过对内容的进一步了解，往往还会发现一些新的阅读目标，想要通过书本解答一些新的疑惑。我们可以把这些问题收集起来，在随后的阅读过程中寻找答案。

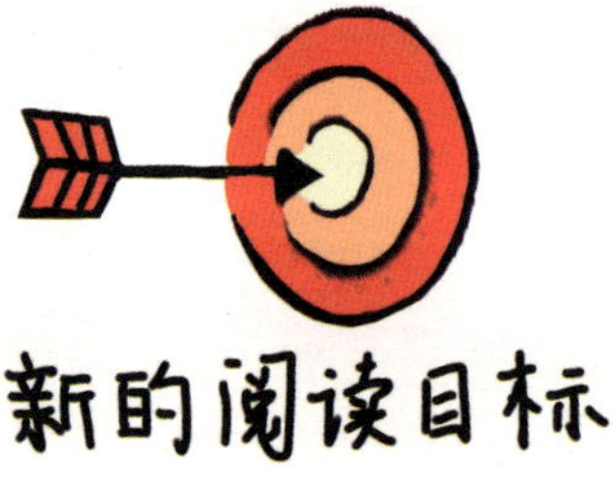

4. 标记而非停止。阅读过程中遇到不理解的地方，不要马上停下来，可以做个标记，然后跳过去，继续阅读后面的内容。如果你一直停留在那里，不仅打乱了阅读的节奏，也会使你陷入思考的困局，花费过多时间。当你跳过去之后，或许你会在接下来的阅读过程中慢慢找到答案；或在读完整本书后，回过头来看，会有新的认识和理解。

通过了解以上的注意事项，我相信你应该可以更好地实现快速阅读。

当你真正阅读完一本书后，你需要对你阅读的内容进行检验，看看你是否真的理解你所阅读的书籍。

你不妨问自己以下几个问题，作为检验的标准。

1. 通过阅读，你知道这本书的整体内容是什么吗？

2. 对于之前的问题，你是否已经找到答案？

3. 你从阅读过程中得到哪些领悟和启发？在将来的生活中，你如何结合自身的情况加以运用？

阅读完一本书之后，我们一定要多问自己几个跟书本相关的问题，把吸收到的知识系统整理出来，这样可以加深印象。另外，根据学到的知识写一份下一步的行动指南，让它指导你之后的为人处世。只有你因某本书改变了行为模式或思维方式，你才能算是真正读懂了它。

实质上，你可以把快速阅读的过程理解成寻找答案的过程。因为知道阅读目的是什么，所以你可以把书看成一本答案合集，你需要从中找出满意的答案。当你的注意力高度集中，你就可能快速地掌握一本书的内容。

3.4 复习

人的记忆是容易出现偏差的，时间拖得越久，你对一件事情的记忆越模糊。我们需要在还未遗忘之前尽早复习，加深理解，巩固记忆。

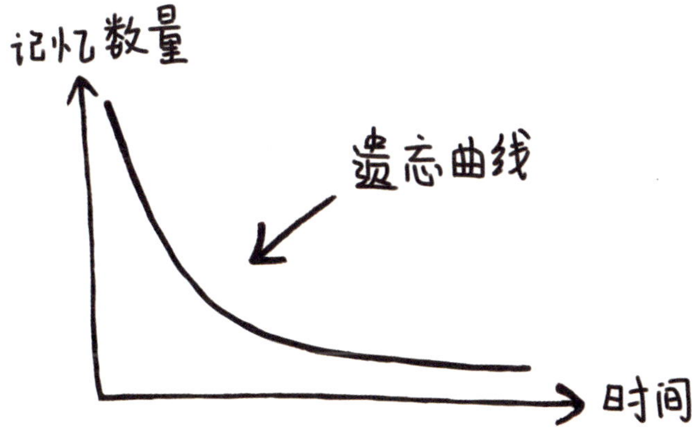

复习的时候，可以翻阅整本书，理清整本书的脉络，然后用自己的话把内容复述一遍，遇到记不清楚和理解不到位

的地方，再仔细翻看一下相关内容。

现在，这本书已经回答了你的问题，你从中也学到了许多对你有所提升的知识和见解，思维模式和认知层次也有了提升，你已经算是真正读过这本书。

小复习：

1. 选书的原则有哪些？

2. 阅读过程中，你要注意些什么？

3. 如何检验你的阅读成效？

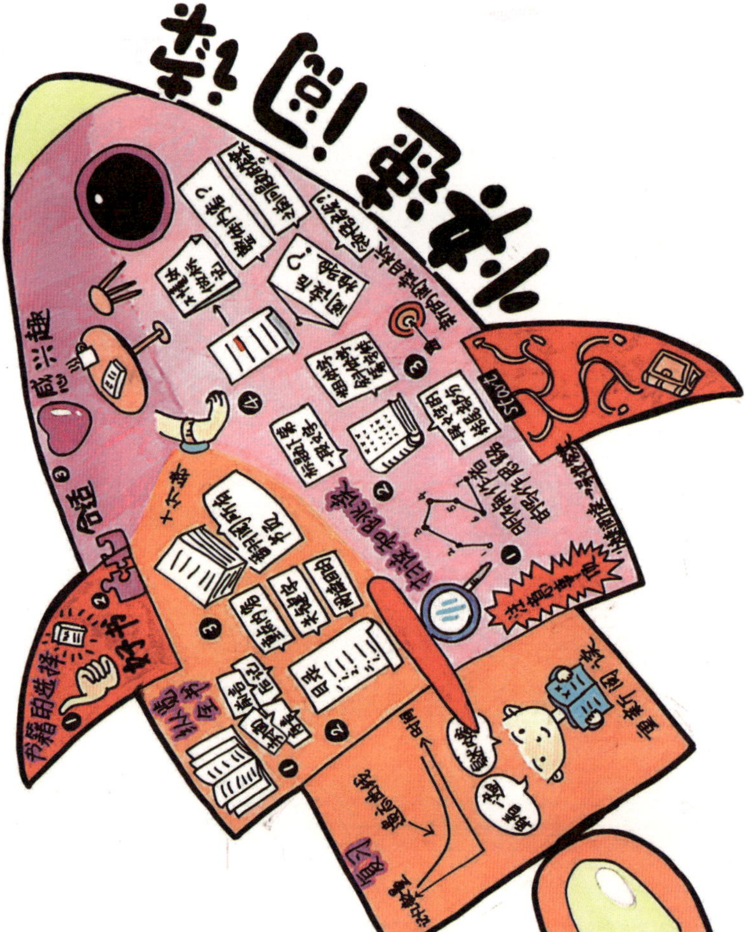
快速阅读
书籍的选择
好书
合适
感兴趣
从览全书
前言
后记
目录
重点内容
关键字
阅读目的
翻阅所有书页
十分钟
扫读和跳读
注意事项
明确作者的写作思路
标题下第一段文字
一段文字的转折部分
粗体字
斜体字
序号字样
start
新的阅读目标
阅读后检验？
不懂处做标记
整体内容？
之前问题的答案？
复习
遗忘曲线
记忆数量
时间
再看一遍
重新阅读

第四章

精读

当你对一本书十分喜欢，想要细细品味；或你觉得一本书有必要反复推敲和琢磨，那么你可以用精读的方式去读，领会一本书的美好与价值。

精读也可以称为深度阅读，是指我们对一本书进行深入分析，探究作者的写作主旨，辩证对待作者的论点、观点，理解书中内容的深层含义，且从中学到写作方法与技巧的阅读方式。

到底哪些情况适合我们精读呢？

第一种情况：我们读完一遍却没读懂书里的内容。这种情况有三种原因：（1）快速读完一遍后，对书中的内容理解得不够彻底；（2）经历和水平有限，无法对书中所表达的内容感同身受；（3）书中内容的论述性太强，需要我们多琢磨、多体会。

第二种情况：书中内容所讲的干货实在太多，阅读一遍无法吸收，需要反复学习，多次阅读发现更多价值。

第三种情况：作者的写作水平出众，书里的写作技巧值得学习和借鉴，作者对文章整体结构和形式的把握很到位。

遇到以上三种情况，我们有必要对一本书精读。精读不仅可以加强我们对书籍的领会和吸收，还可以让我们积累更多的阅读笔记，在之后需要化用或引用时，第一时间找到现成的素材。

接下来我们来了解一下精读的具体步骤和方法。

4.1 了解整本书

一本书到底是写什么的，是两性关系，还是家庭亲情？是政治财经，还是文学小说？是管理学术，还是鸡汤杂文？我们拿到一本书之后，应当第一时间知道这本书可能涉及的具体范畴。

精读的第一个步骤是对整本书有一个大致的了解。

书籍一般分为三种：实用型、理论型、叙述型。实用型书籍一般是各类技术书籍，注重解决日常生活中所遇到的各种问题，没有过深的隐喻，所叙述的意思就是文字表面所表达的意思。理论型书籍比较高深，干货较多，较难读懂，但一旦读懂，会收获更深刻的思想和更高超的技术。当然，理论型书籍中也可能有一些当代人类无法实现的技术，但理论上是有机会实现的，这样的书籍超越了时代数个世纪，也值得一读。叙述型书籍一般指文学、历史类书籍，重视文字技巧，用简单的文字表达丰富的意蕴，用多样的形式挖掘文字更深刻的表达能力。叙述型书籍一般会在内容和形式两个方面不断深入，实现语言叙述的进一步变革。

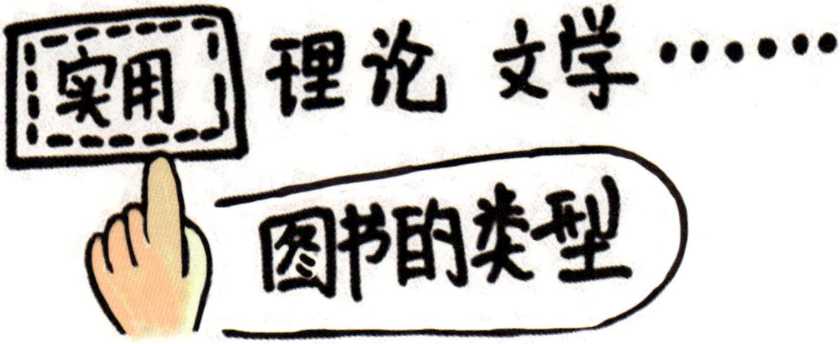

文以人传。作者的能力、才华，品行，声望与一本书的质量息息相关。能力、才华超强的，其品行不一定端正；品行不端正的，其声望不一定不高；声望高的，不一定是美名。我们应当把能力、才华，品行，声望这三者辩证看待。当我们阅读一本书的时候，要注意作者的初心和立场，去粗取精，有辨别地汲取作者书中的内容，正如那句话所说：尽信书，不如无书。

知道了以上的内容后，就已经对该书有了一个整体的印象和准备，在阅读的过程中结合背景，可以实现对书中内容的深入理解；在后续整理笔记时，也可以实现对书中内容的进一步延展。

然后，我们把书简单地通读一遍，再写一个简短的文字描述，概括出书中的大致内容，并为整本书列出大纲，在梳理的过程中加深对书中内容的印象。理清楚整本书的脉络后，可以通过回答下面两个问题，来检验掌握的程度。

1. 作者写这本书究竟想要达到怎样的目的？目的是否达到了？我从中是否了解到了作者的写作意图？

2. 我们能从这本书中得到怎样的收获？这些收获的事实和理论依据是否牢靠？

一段简短的文字描述，可以让我们对整个书本有一个大致的了解，也方便我们对每本书进行检索，在最短的时间内，获取最主要的内容。

4.2 分析重点章节

作者为什么要如此安排一本书的章节内容？在各章节的背后有怎样的逻辑联系？我们可以透过书中表象去探求作者精神世界中最广阔的一面。

在对一本书有了一个整体的了解之后，我们需要对书中的重点章节进行分析和探讨。通常，作者会对他认为重要的章节大量着墨，详细描述的同时会列举大量的事实论证，因此我们可以通过这些章节来获取作者想要传达的最主要的内容和信息。

这些重要章节是我们需要重点掌握和学习的内容，因此我们可以对这些内容进行加工，以此来加深理解。首先我们可以把这些内容整理成阅读笔记，然后查找相关资料丰富学到的知识，最后再用自己的话概括出来。

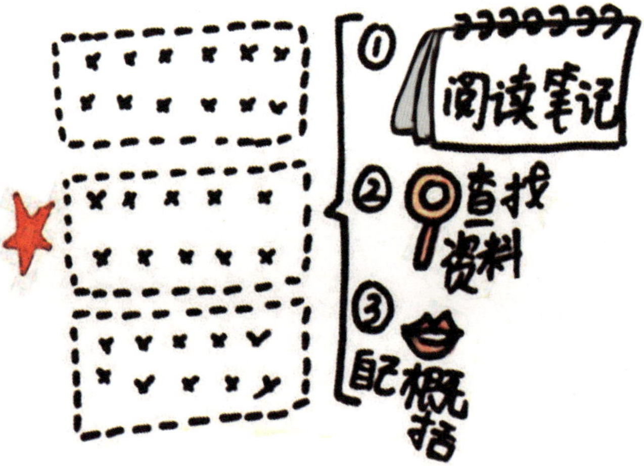

我们可以找出作者在书中提到的问题，哪些问题是作者已经解决掉的？哪些问题是作者还未解决的？针对已经解决的问题，我们可以学习和借鉴；未解决的问题，我们可以记录下来，作为阅读的延伸。

通过对章节内容的学习，我们更清楚作者想要表达的观点，对于作者的意图也有了明确的感知，作者尽述的内容和待尽述的内容，我们都能了然于心，这就为我们评价一本书打下了坚实的基础。

4.3 评价一本书

读完一本书，不能只单纯地评价它是好是坏，是深刻有用还是浪费时间。一本书的出版一般都有其价值，其价值未必适合现在的你，但是它可能会有闪闪发光的时候。

在评价一本书的时候，我们不能只是轻率地说出一句这本书是好是坏，我们要明确知道这本书哪些地方写得好，值得我们学习；哪些地方写得不好，需要提升和改进。

同时，我们还要罗列出书中赞同的观点和不赞同的观点。对于赞同的观点，我们要找出具体的事实依据和可引用的素材，深入理解后转化为自己的知识储备。对于不赞同的观点，在充分了解作者观点的前提下，我们要合理地提出质疑，并要大量寻找论据，支撑我们的质疑。

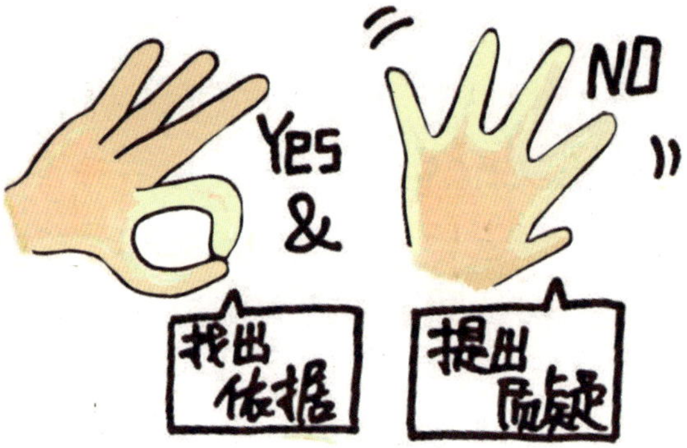

写下你的评价吧，或许在不久的将来，你会对同一本书做出完全不一样的评价，那只不过代表你不同时间段的经历和想法。书总是在那里，等着你在最需要它的时候开启。

4.4　写作技巧的学习

同样的内容，不同的人会选用不同的文字来描述。每个人的写作方法是不一样的，有的人擅长平铺直叙，有的人擅长制造悬念。那些你觉得容易阅读的书籍不一定是因为内容简单，往往是因为作者有深厚的文字功底。

一本好书，特别是畅销书，你在阅读的过程中会感觉毫不费力，这是因为作者在写作方法和技巧上花了心思。这些方法都是有迹可循的，因此我们要对作者的写作方法和技巧进行学习和掌握，以此来提升自己的写作能力。

首先，我们要清楚作者写这本书的时候，把内容具体分为了几个部分，每个部分具体写的什么内容，作者又是通过怎样的逻辑结构把每个部分连接起来的。

我们会觉得一本书好读，那是因为作者对每部分内容都进行了巧妙的设计，有可能是由浅入深地告诉你一个有用的道理，有可能是开头引入悬念吸引你的注意，这需要你在阅读的过程中留心观察。

作者是靠经典的故事引入，还是通过第一人称的方式轻易把你代入到他的感受里去，这些都需要我们不断地感悟。

其次，我们还可以学习作者打造金句的方法和排版的风格。

打造金句的方法也是有迹可循的，这需要我们收集书中出现的金句，进行深入的研究和模仿，结合自己的性格特征和写作特征，打造出自己的金句风格。

优秀的排版不仅会让人在阅读的过程中赏心悦目，还会让我们清楚地了解每部分的具体内容。哪些内容值得深入阅读？哪些内容需要反复阅读？哪些内容需要延伸阅读？这些都可以从排版的形式上面得到提示。

再次，我们可以研究一下这本书为什么会出版，为什么会成为畅销书。

作者通过认真写作和精心打磨，把最好的作品展现在我们面前，我们可以好好研究一下这个作品到底是哪些地方出彩，哪些地方吸引我们阅读。正确对待爆款图书，可以学到很多终生受用的知识。

精心打磨的作品

一本好书除了有精彩的内容之外，还有突出的写作技法，写作技法是穿起所有知识的无形纽带，你清楚所有的知识，不一定能准确地告诉他人，但掌握了优秀的写作技法，你就能把你知道的内容轻松地告诉他人。

4.5 合理应用

阅读的重点有两个：一是带着目的去阅读，二是合理应用。我们会在应用中加深对内容的理解，理解后就能更好地应用在生活中，由此产生积极的正向循环。

我们对精读后学到的知识也要进行合理的应用。如何应用在实际生活中，这需要我们首先罗列出学到的内容，然后进行头脑风暴，最终应用在多种场景，可以是工作中，也可以是学习中，可以应用在个人成长方面，也可以应用在人际交往方面，这需要我们发挥自己的联想和创造。

把学到的知识应用到生活中的具体步骤如下：首先，罗列出学到的内容；其次，从多个维度进行头脑风暴，找出所学知识对应的生活场景；再次，根据具体应用知识的生活场景，有意识地演练以留下深刻印象，让自己在今后的生活中一碰到相关问题，就能第一时间产生反应。

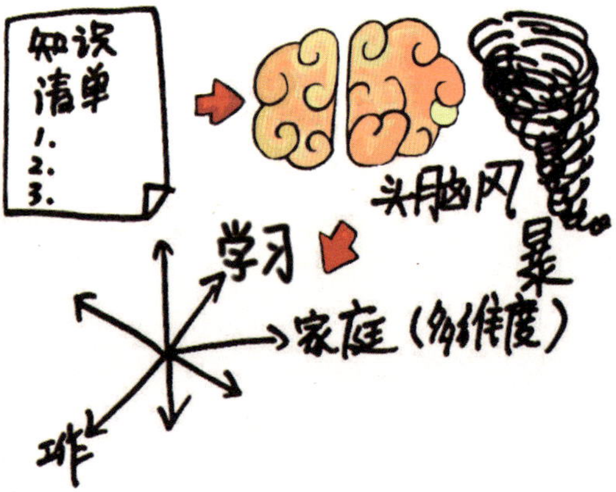

有些事情很难在实际生活中发生，我们无从应用学到的知识，这时候我们可以在实际生活基础上展开联想，创造一个能用上相关知识的场景。

通过精读，我们掌握了一本书最精华的内容，并学到了作者的优点。值得注意的是，并不是每本书都适合精读，有些书通过快速阅读就可以达到阅读目的，没有必要精读。在精读的过程中，一定要时刻明确我们精读的目的，有针对性地精读。

小复习：

1. 精读的步骤是什么？
2. 如何评价一本书？
3. 如何应用学到的知识？

没读懂
1
2
干货太多
3
适合精读的情况：
深度阅读
学习写作技巧
1 了解整本书
理论 文学……
实用
图书的类型
了解作者
2 分析重点章节
① 阅读笔记
② 查找资料
③ 配概括
3 评价一本书
good
&
bad
值得学习
需要改进
Yes
&
NO
提出依据
提出质疑
4 写作技巧的学习
作者
5 合理应用
知识清单 1. 2. 3.
头脑风暴
学习
家庭（多维度）
刻意练习
精心打磨的作品
&
金句和排版风格
精读

第五章

主题阅读

主题阅读可以使我们更全面地了解某一个领域的知识内容，可以让我们更有条理和更有目的性地阅读。

现在，我们已经完全掌握了如何阅读一本书的方法，接下来我们要了解的是更高级的阅读方法——主题阅读。

到底什么是主题阅读呢？主题阅读是针对某个领域进行大量阅读，系统了解该领域知识的阅读方法。

当我们想要进入一个全新的领域时，我们可以进行主题阅读，通过主题阅读成为该领域的专家；当我们想要寻找某个问题的答案时，我们可以进行主题阅读，从不同的书中寻找事物的全貌；当我们想要构建自己的知识体系时，我们可以进行主题阅读，在阅读过程中不断完善自己的知识库存。

5.1 主题内容推荐

你愿意花大量时间来进行主题阅读的领域，一定是你感兴趣或亟须提升的领域，不过，并非所有感兴趣或亟须提升的领域都值得花费大量时间、金钱、精力来进行主题阅读。那究竟什么样的主题适合进行主题阅读呢？以下推荐四种找到阅读主题的方法。

第一种：找到感兴趣的主题。主题阅读量大、费时，当你对这个领域感兴趣时，你才能坚持下去。

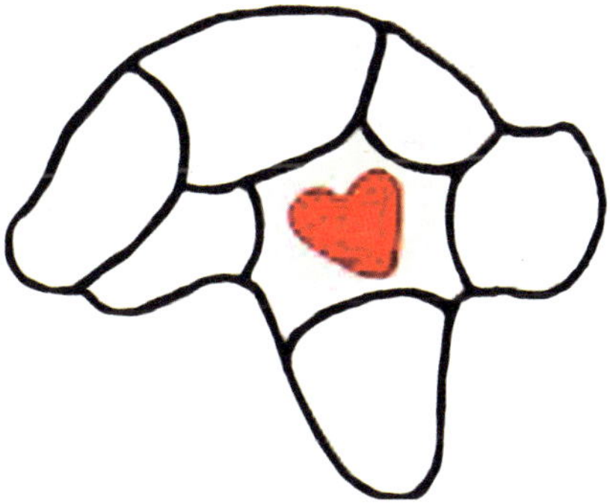

第二种：找到内容实用的主题。当你想要破解某个在你看来是非常有意思而且有意义的问题时，你才会花心思进行主题阅读。

第三种：找到经久不衰的主题。知识大爆炸的年代，很多新的知识在快速被发现和被创造；而由于互联网的崛起，很多知识很快就被新的知识所代替。

如果你选择的主题很快就被新知识取代，也许你还没有学习完那些知识，它们就已经被淘汰，你只是浪费了大量的时间和精力，获取了过时的信息。那么，我们要尽量选择时效较长的知识，比如心理学、经济学等经典永恒的知识。

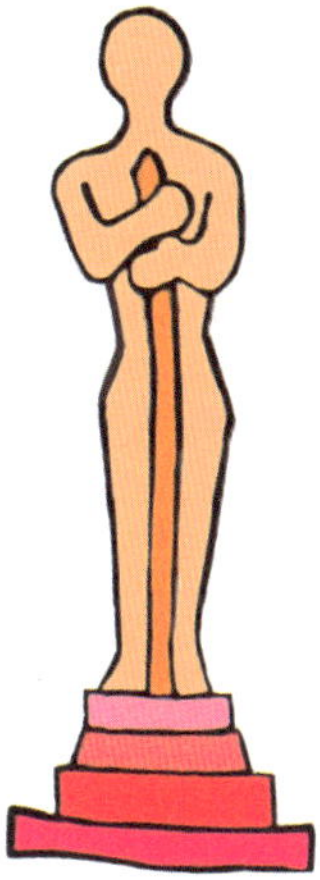

第四种：通过提问找到主题。这里的“提问”与前面提到的“问题”并不相同。人这一生会面临大大小小的问题，面对每一个问题，我们都需要进行深入的思考。学会对我们的人生提问，尽早发现在我们的学习、工作乃至家庭生活中会遇到怎样的问题，提出问题，寻求解决方案，是一种值得提倡的人生态度。

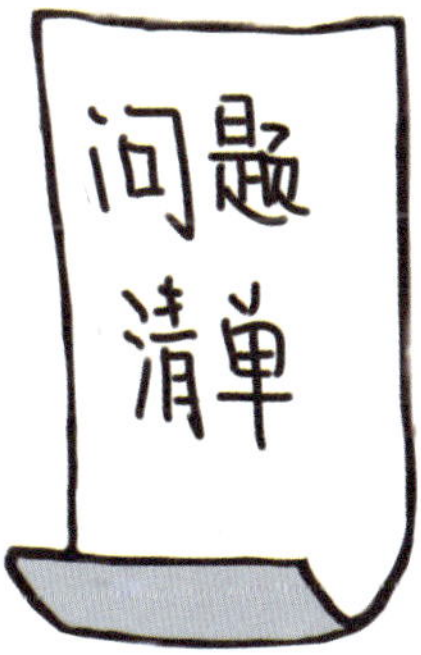

分享两个我的问题清单：

1. 夫妻之间如何长久友好地相处下去？

2. 如何写出好的文章？

根据以上两个问题，我分别确定了两性、沟通、写作这三个阅读主题。只要清楚我们的人生会遇到怎样的问题，我们就可以进行相关的主题阅读，通过学习相关的知识和方法来化解我们生活中的难题。有些书籍内容存在相关性，在进行主题阅读时，对重复的内容可以快速掠过，由此看来，主题阅读反而让我们花尽可能少的时间学到了尽可能多的知识。

5.2 书单的确定

书单的确定是主题阅读过程中最重要的环节，市面上关于相同主题的书籍类型繁多，我们要从中挑选出能达到我们阅读目的的书籍。

确定书单最简单的方法：牛人的推荐。这里的推荐包括各种荐书 App 和书店的相关主题热销榜单、相关领域的专家推荐的书单，或有过相关主题阅读经验的大咖或朋友推荐的书单。

这种方法的优点是你不需要花太多时间在筛选书目上面，可以节约出时间来阅读；缺点是适合别人的书单不一定适合你，每个人的理解能力和人生阅历不一样，对一本书的理解程度和感受也是不一样的，因此别人在阅读某本书的时候或许有豁然开朗的感觉，而你却有可能并没有参透其中的奥秘。

确定书单最全面的方法：根据知识框架确定。当你要对某个领域进行主题阅读的时候，你可以研究这个领域的知识框架。比如，要研究微观经济学，你需要了解微观经济学的研究对象、需求供给关系、消费者行为、生产者行为等内容，你可以针对每部分内容查找相关书籍，当你对每个部分的相关书籍有所研究后，就可以把握此领域的知识框架，以此框架为纲，确定你的书单。

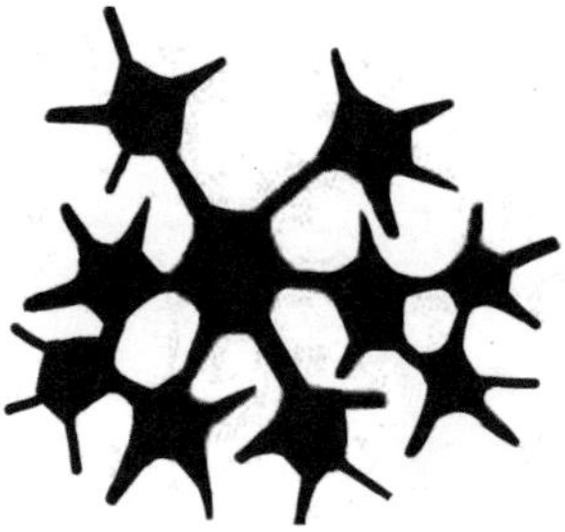

确定书单最有效的方法：快速阅读相关书籍。当你不知道哪些书籍对你有用的时候，你可以用快速阅读的方法粗略地把

每一本书翻一遍，这样不仅可以了解主题相关的概念，还能在短时间内筛选出适合的书目。

确定书单最科学的方法：在阅读过程中寻找书单。你可以针对你要进行主题阅读的领域，首先筛选出两三本比较权威的书籍，先对这几本书进行主题阅读。在阅读的过程中，书中或许会有相关书籍的提示和引用，这个时候你就可以再把相关书籍列入你的主题阅读书单。

主题阅读的书单总会伴着你阅读的过程中逐渐添加，你列出的书单并不一定是最终确定的书单。在当下，只要你觉得会对你有帮助，你想要阅读的书籍都可以放进书单里。

5.3 进行主题阅读

我们最好给主题阅读多一点的时间，把不同的书结合在一起阅读，有对比有互补，阅读的同时构建自己的知识体系。

接下来我们要进行的环节就是主题阅读。

和快速阅读的方法一样，在进行主题阅读前，我们需要明确阅读的目的。主题阅读的目的是跟主题相关的，因此我们的阅读目的通常是：

1. 这个主题的具体内容和相关概念是什么？

2. 这个概念是由哪些论点支撑的？

3. 每本书对同一个概念的定义和理解有何不同，有哪些可用借鉴的地方？

当我们明确了阅读目的，接下来就可以阅读每一本书，找出每本书中跟主题相关的章节，并罗列出来，方便仔细阅读。在此过程中，我们一定要围绕我们的阅读目的，筛选出符合阅读主题的内容，并对书中的其他内容有所取舍，不符合相关主题的内容忽略不看。

当我们确定好每本书应该阅读的相关章节后，接下来的步骤就是通过阅读它们找出我们关于某个主题的问题的答案。这个时候我们需要带有中立的态度来寻找答案，认真地找出所有书中提到的相关答案，力求做到面面俱到。千万不要根据自己的感觉筛选答案，因为你是带着求知欲去了解每一位作者或专家对一个问题的解答，而不是为了证明自己的想法是否正确，公正地罗列出书中出现的所有答案是这个阶段的重点。

你在每本书中找到相关解答后，按照顺序和逻辑罗列出各个答案，填入事先准备好的表单中。

填完表后，你需要仔细观察表单，逐一分析每一个问题和答案，找出每个答案的相同点和不同点，并找出造成不同点的原因。分析出哪些答案是更接近事物真实面貌的答案，哪些答案与之背道而驰。针对每一个答案，我们都要找出相关论点来支撑和解析，力求通过主题阅读彻底搞清楚某个领域的某个具体内容。

当你对某个领域进行了一段时间的主题阅读后，你可以对相应的知识框架进行填充，把每个部分涉及的内容放入对应的知识框架内，通过学习和实践内化这些知识，然后更新你的技能系统，这将是完成主题阅读时最大的收获。

你还可以经常更新你的知识框架，多次对同一主题进行主题阅读，从而发现之前没有注意到的内容和细节，不断改进和完善你的知识体系。

小复习：

1. 主题阅读的主题如何选择？

2. 确定书单有哪几种方法？

3. 主题阅读有哪几种具体方法？

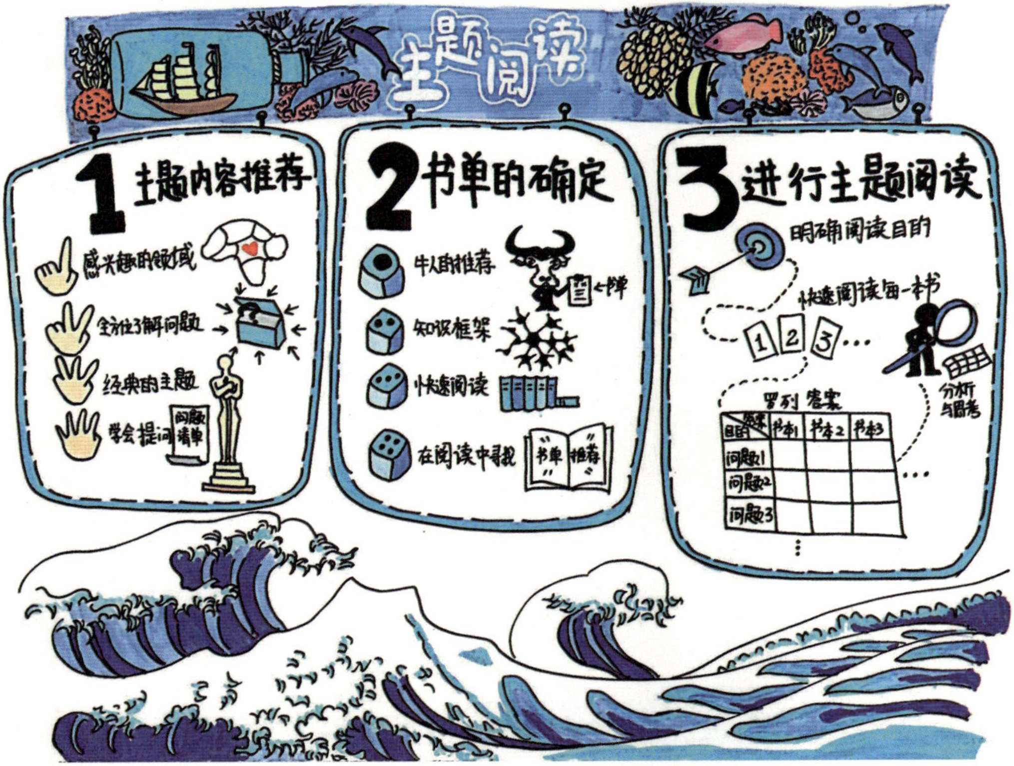

主题阅读
1 主题内容推荐
感兴趣的领域
全方位了解问题
经典的主题
学会提问
问题清单
2 书单的确定
牛人的推荐
书单
知识框架
快速阅读
在阅读中寻找
书单
推荐
3 进行主题阅读
明确阅读目的
快速阅读每一本书
1
2
3…
罗列答案
答案
目的
书本1
书本2
书本3
问题1
问题2
问题3
分析与思考

第六章

阅读笔记的制作

阅读笔记和阅读本身一样重要，一份好的笔记如同带你重新学习了一本书中的精华内容。

我们阅读完一本书，还应写出相应的读书笔记，读书笔记可以帮助我们更好地记住和理解书中的内容，还能让我们在书写的同时消化书中的难点和重点，可以提高我们学习的积极性和主动性。再者，读书笔记也具有存档的价值，当以后再翻阅读书笔记时，我们很可能对一本书产生迥异的看法，这正是我们的思想层次上升的契机。

阅读笔记的形式多种多样，在这里我介绍三种常用的笔记形式。

6.1 视觉笔记

视觉笔记好看又好玩，让你在轻松愉快的氛围中巩固知识，加深记忆。

阅读本书的朋友应该已经熟悉了视觉笔记，本书的每个章节都有相应的视觉笔记，它们可以帮助我们理解和梳理书中的知识和内容，在这里我要具体说明一下视觉笔记的绘制方法。

绘制视觉笔记所需的工具十分简单：普通的空白本子和色彩丰富的笔即可。如果没有空白本子，也可以用 A4 纸代替，没有彩笔也可以只用两三种颜色绘制。

绘制前我们要确保对一本书有大致的了解，这本书由哪几个部分构成的，每个部分的具体内容是什么，确定之后就能选用合适的排版对内容进行区分。

接下来正式进入绘制过程。首先我们绘制标题，标题要尽可能地大，且画在醒目的地方。标题可以由图像和字体组成。标题通常是一本书的名字，当然也可以是这本书的中心思想。你绘制的可以是一本书的某个章节，也可以是章节的名字。标题绘制好后，需要对每个部分的具体内容进行绘制。通过视觉思维的转化，应用图文结合的方式，把你认为重要的内容绘制在每个区域内。

在绘制内容的时候，要学习取舍，你认为重要的信息，或对你来说有用的信息，是绘制的重点。在绘制图像的时候，需要掌握隐喻的方法，把复杂的描述和内容转化成简单的图画形式，然后对每个部分的内容增加一些细节，使画面更丰富好看。

最后，留一点空间写下自己的想法和下一步的行动指南，对整个内容进行梳理总结。

我们还可以为书中的某些内容制作单独的视觉卡片，也就是把对内容的理解用视觉笔记的形式绘制在一张小卡片上，放在书中的相应位置。翻阅书本的时候可以查看视觉卡片，方便在阅读过程中清楚地知道某部分的知识点。

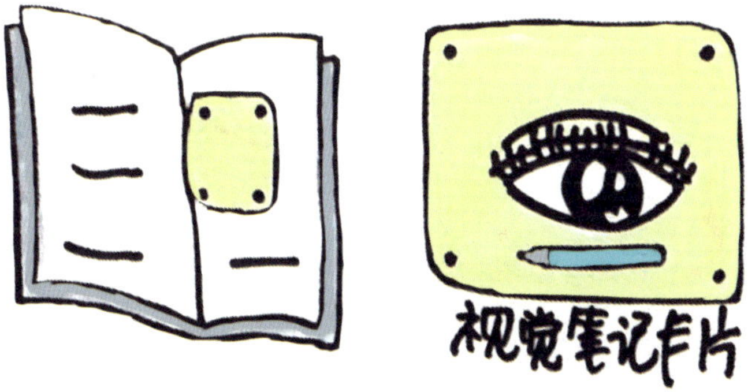

一张张的视觉笔记可以整理在A4大小的透明文件夹里，方便随时查看和翻阅。

当你查阅一张视觉笔记的同时，你也是在欣赏一幅画，它会让你感觉轻松有趣。你以前可曾想过，复习一本书的笔记会是如此愉悦的一件事情？

6.2 思维导图

思维导图的应用十分广泛，它不仅可以训练你的发散思维能力，同时也可以加深你对于一本书的理解和思考。

思维导图也是读书笔记的一种形式，它的特点是可以根据作者的思路或读者的理解进行绘制，重点训练读者的思考能力和提取关键字的能力。

绘制思维导图所需的工具十分简单：普通的空白本子和色彩丰富的笔即可。如果没有空白本子，也可以用A4纸代替，没有彩笔也可以只用两三种颜色绘制。

绘制之前有一点值得注意：思维导图是读者当下对整本书的梳理，对同一本书每个人的想法是不一样的，画出来的思维导图也是不一样的。

接下来我们来介绍绘制思维导图的方法和步骤。

首先，绘制一级标题。我们在一页纸的中心位置绘制出一本书的标题和中心图像，标题要尽可能地大，图像要漂亮醒目。

其次，绘制二级标题。根据自己的理解和想法，梳理出书中的每个部分，提取每个部分的关键词作为二级标题，写在思维导图的每一条主干上。主干是围绕中心发散开来的，关键词的要求是简短且有概括性。

再次，绘制三级标题。梳理每个二级标题下的具体内容，提取内容里面的关键词，绘制在每一个主干对应的分支上。

如果每个分支上的内容还可以细分的话，就继续在分支中绘制分支和关键字，直到梳理完一本书的所有内容。最后给每个分支上的具体内容加上图像。

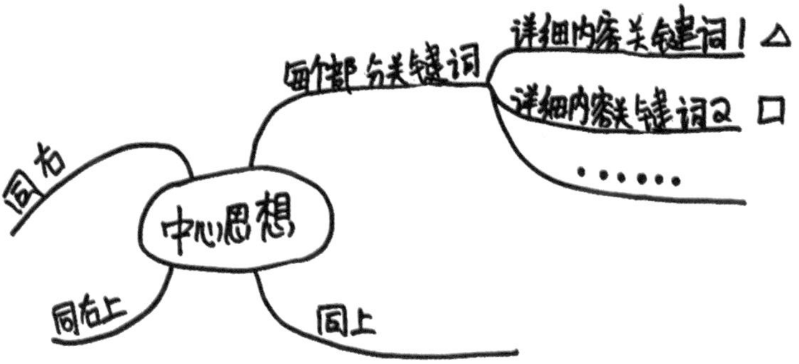

我们也可以给每部分内容制作单独的知识卡片，把对应内容的思维导图绘制在小卡片上，放入相应的位置。翻阅书本的时候，可以通过查看知识卡片上的思维导图，明白作者写这段内容时的思维框架，或自己阅读这段内容时的理解和思考。

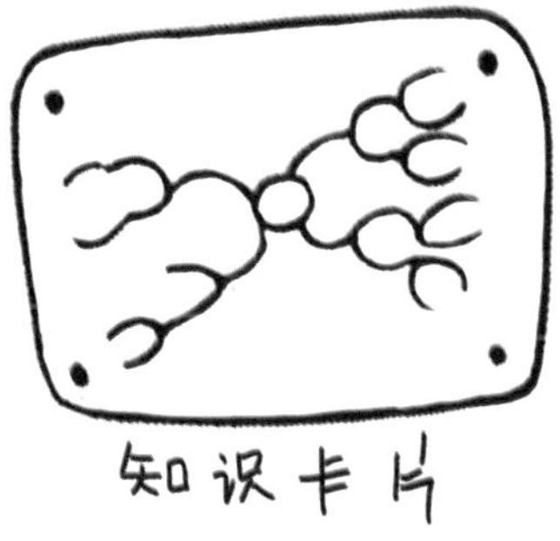

思维导图的整理和收纳与视觉笔记一致。当然，我们也可以用电脑和手机来制作思维导图，与在纸上绘制的方法步骤相同。

当你翻看一张张思维导图时，一本书的重点内容跃然纸上，这种通过一张纸就能掌握一本书的感觉是十分美妙的！

6.3 阅读手账

很多女孩子喜欢做手账，翻开一张张手账记录，我们每天干了些什么有意义的事，都可以在手账中看得清楚明白。

手账是一种记录学习和工作内容的笔记形式，我们可以通过手账来记录我们的读书笔记。

阅读手账的本子我选用的是 A5 大小的方格本，笔只要黑色的和蓝色的就可以了。

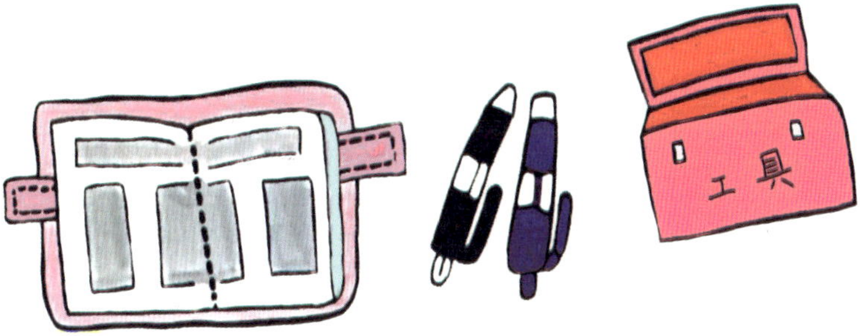

记录阅读手账时，笔记本最好是做横向记录，左右两页加起来为一张横向的A4纸大小，通常一页A4纸只记录一本书的内容。我们把笔记本分为几个部分，每个部分写上相应的内容。

在一页纸的最上面可以写上标题。标题是这一页笔记内容的主题，也是你在查阅笔记时看到的最直观的文字。在标题下可以写上一些标题的注释或书本中出现的金句，作为对标题的补充说明。

我们把一页纸除标题外的其他部分分成三等份，再把第一等份分为上下两个部分。上面部分可以写上你阅读一本书的具体目的，在阅读的过程中可以随时查看阅读目的，这样更有助于你在阅读时，把注意力集中在想要了解的内容上。当你读完一本书后，可以在下面部分写上你对书中具体内容和信息的描述，最好是用你自己的语言复述一遍。复述的内容一定要是对你有用的，且比较重要的地方。书写第一等份的目的在于梳理出整本书具体讲的内容。

第二等份可以用来书写我们在阅读过程中的一些思考。提炼了作者的观点和想法之后，附上自己的评价，提出自己的发现和疑惑。同时梳理一下书中的内容是否满足了我们提出的阅读目的，在思考环节中要多问几个为什么，深入思考，找到问题的本质。

第三等份可以分为上下两个部分。上面部分可以用来解释之前的疑惑并概括总结之前的信息和内容，然后写出实际应用的场景和下一步的行动指南。下面部分留出一点空间来填写实施后的反馈或重读笔记之后的新的启发，这一部分的具体作用是监督我们的行动，只有当把信息内化成自己的知识，并应用在实际生活中时，这个知识才能转变成我们自己的技能，我们的阅读才是有用且高效的。

最后，用一两句话总结出我们的收获，或概括出整本书的重点或论点，写在标题旁边的空间里。方便我们在翻阅笔记的时候，能清楚地知道这份笔记的重点内容。

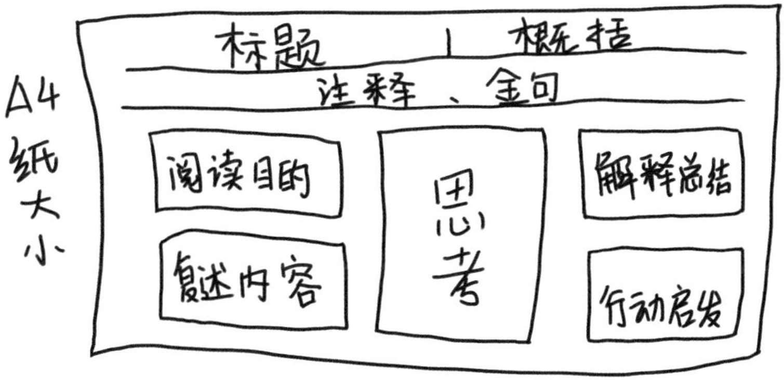

一份简单实用的阅读手账就算制作完成了。最后，你可以用胶带、贴纸等对手账进行装饰；你还可以把书本封面打印出合适的尺寸，贴在笔记的空白处，更好地帮助自己理解笔记的内容，同时使整个页面更加丰富美观。

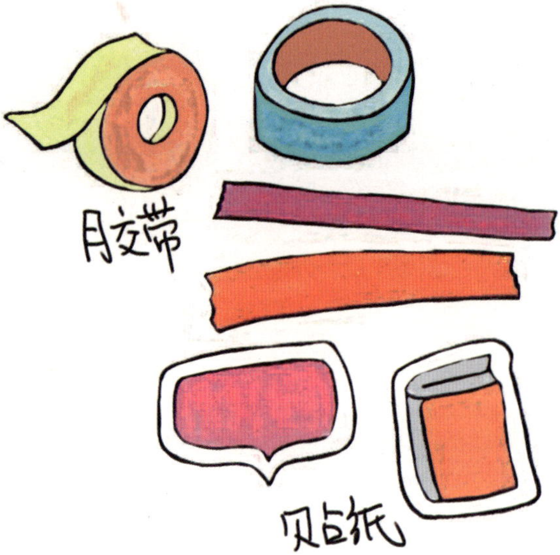

制作完阅读笔记之后，我们还要养成重读笔记的习惯。阅读笔记相当于我们阅读完一本书之后的理解和思考，是一本书的精华内容，我们要不断地阅读和学习这些精华知识，真正掌握书中的内容。在每次重新阅读笔记的过程中，我们也会产生一些新的想法和启发，这样也能帮助我们更好地理解和学习与阅读主题相关的知识。

小复习：

1. 阅读笔记有哪几种形式？
2. 本章内容画成一张思维导图会是怎样的？
3. 阅读手账可以分为哪几个板块？

阅读笔记的制作
1 视觉笔记
3 手账阅读
2 思维导图
空白本
工具
视觉笔记卡片
整理成册
A4纸大小
标题
概括
阅读目的
复述内容
思考
解释、总结
行动、启发
胶带
贴纸
中心思想
每个部分关键词
详细内容关键词1 △
详细内容关键词2 □
……
同上
同右上
同右
具体方法
知识卡片
POINT
思维导图是读者对整本书的梳理

第七章

用印象笔记建立阅读资料库

印象笔记作为一款全球闻名的云笔记软件，可以帮助我们简化工作和学习等方面的内容，让我们在不同设备上存储及同步资料、见闻、灵感和思考。

当今社会，我们接触到的信息多种多样，我们不想错过任何有用的信息，但是面对有限的时间和精力，我们的大脑根本不能储存太多、太庞杂的信息，因此我们需要印象笔记这种云端笔记软件来协助我们收集和记录信息，同时清空我们的大脑，让大脑更多地专注在思考上。

当阅读过大量的书籍之后，已经养成了阅读的习惯，我们更需要用笔记软件来梳理我们的认知和思考。之前我们已建立起自己的知识体系，此时可以通过印象笔记来完善体系中的各部分内容，并找出还有哪些部分有所欠缺。

如何用印象笔记来建立属于我们自己的阅读资料库呢？首先我们得明确哪些东西可以作为阅读资料。阅读资料是指一切对我们来说有用的信息，包括文字、图片、音频、视频等。

7.1 运用场景

当你熟练使用印象笔记来管理你的阅读资料的时候，你会发现印象笔记的身影可以无处不在，它是如此实用。

我们最好能养成随时随地使用印象笔记的习惯。

遇到一篇特别好的文章，遇到与我们的阅读主题相关的内容，遇到书中特别精彩的内容，可以存入印象笔记；想看一篇文章却没时间立马浏览，文章看到一半还想看完，觉得一篇文章值得一看再看，可以存入印象笔记；觉得一段材料值得制作书评和笔记，想要记录新的思考和灵感，也可以存入印象笔记。

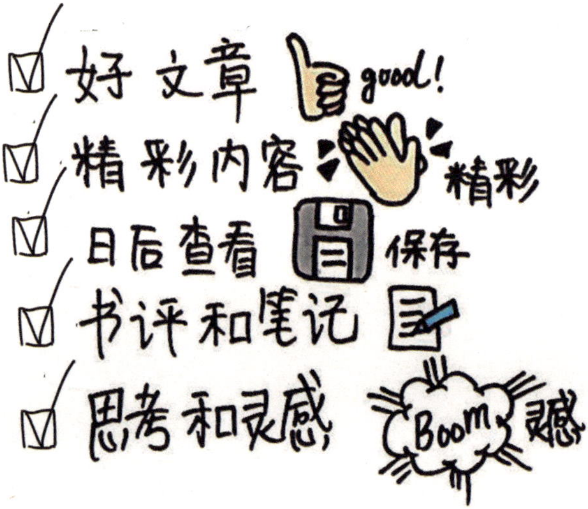

印象笔记可以随时随地帮我们记录我们想要记住的内容，方便快捷。

7.2 使用方法

印象笔记的使用范围十分广泛，它不仅可以直接书写文字，插入音频和图片，还可以导入文件，你能想到的做笔记的方式它基本上都能实现。

印象笔记也支持大量的手机App平台，比如微信、微博等，当你在阅读的时候，发现想要保存的文章，可以第一时间存入印象笔记。

我们具体介绍一下印象笔记怎样保存微信、微博的阅读内容。

微信用户可以添加“我的印象笔记”微信公众号，然后把你的账户和印象笔记微信平台绑定在一起，以后遇到想要保存的文章和内容，直接点击保存至我的印象笔记。

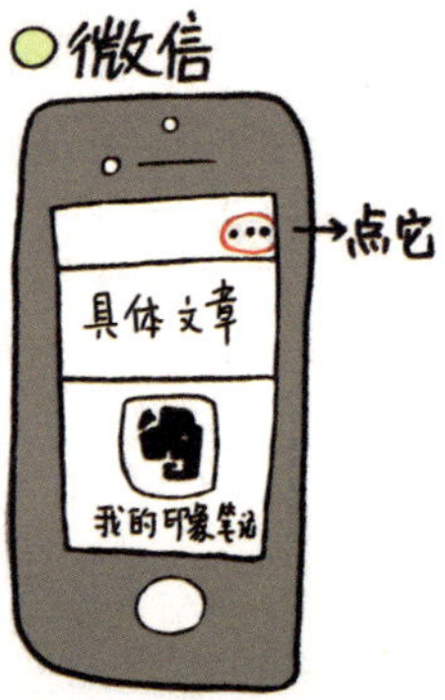

微博用户可以关注“我的印象笔记”微博账号，在想要保存的文章和内容下面转发或添加评论，同时 @ 我的印象笔记，内容就会同步进印象笔记中。

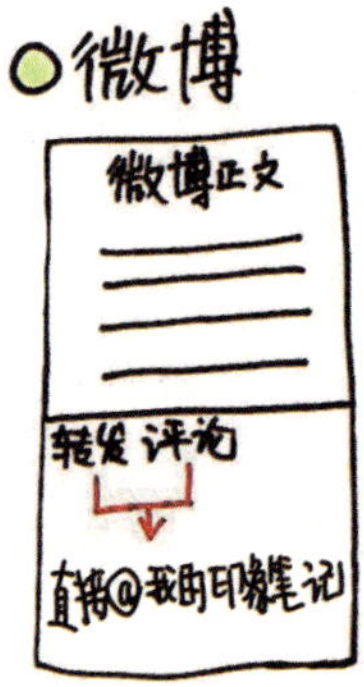

其他 App 的使用方法类似，读者可以查看网站 www.yinxiang.com 学习和使用。

7.3 阅读资料库的建立

我们的阅读内容是庞杂且大量的，为了便于日后的学习和整理，我们需要建立阅读资料库，有序地学习和归纳。

7.3.1 确定主题书单

阅读从来不应该是漫无目的的，而必须在明确的阅读目的的指导下开展，只有这样，我们才能更好地建立完善的知识框架，高效地吸收书籍的营养。

7.3.2 确定每本书的相关内容

想好你要把哪些资料添加进你的印象笔记，通常的情况包括每本书的具体内容：可以是你制作的主题电子书，可以是你制作的视觉笔记图片，也可以是你在其他网络平台制作的读书笔记，以及其他有关的一切信息，都可以存入印象笔记。

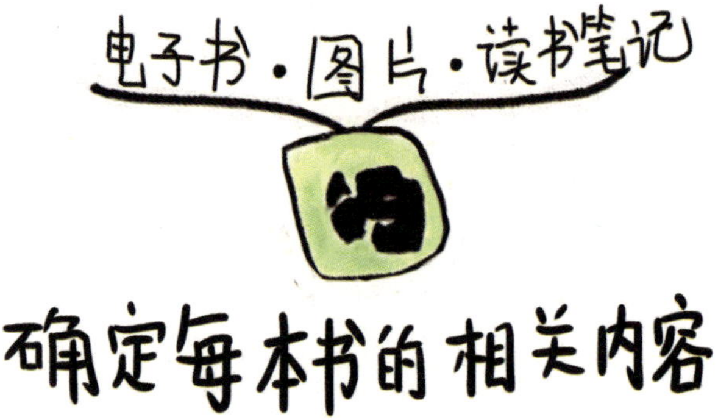

7.3.3 信息的存储

在印象笔记中存储阅读资料，最容易犯的错误是只存不看。在存储上，我们应当有的放矢，要有所选择，不要什么资料都放进去；在阅读上，要及时、高频，要知道，印象笔记是便于我们及时记录思考和灵感的工具，并非给电脑安装的又一块硬盘或软盘。存储并不是目的，学会才是目的。

7.3.4 信息的加工

当把想要的内容存进印象笔记中后，我们要及时对笔记进行加工，方便之后阅读过程中的搜索和查看。

信息的加工分为以下几个步骤。

1. 命名

每条笔记都应该有一个名字，方便日后搜索查找。比如，某条笔记记录的是一本书的读书笔记，你就可以写上“某某书读书笔记”，日后想要翻阅这本书的相关资料时，可以通过搜索快速找到。

2. 分类

我们可以根据知识框架分类，把每一个知识节点的相关内容分为一类，以“时间管理”这个主题为例：第一级分类名称是“时间管理”；第二级的分类名称就是时间管理相关书籍的名称；在相关书籍项目下，可以记录该书具体内容、摘抄、心得及书评。

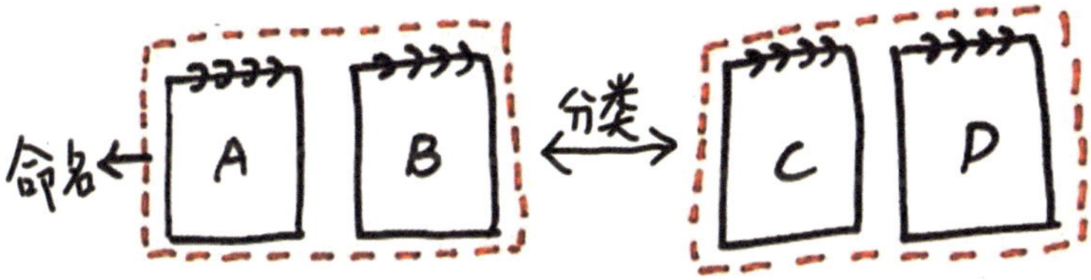

3. 贴标签

你可以为你的每一份笔记添加多个标签。标签的添加有很大的学问，它应当与笔记的名称和内容关键词区别开来。

一个人的标签可以用来说明他的基本性格和属性，是他独特的标志，一份笔记的标签也同样如此。这份笔记具体讲了什么内容，你从这份笔记中有怎样的收获，你觉得这份笔记可以告诉你关于哪方面的知识,你就可以添加相应的标签。标签的添加相当于你对这份笔记进行了一次梳理和总结，你一看这份标签就会知道里面的具体内容，这是你专属的概括与总结。

4. 搜索

当你建立好属于你自己的阅读资料库后，你就可以在需要的时候查看，这时候要善于运用搜索功能。你可以对你文章里的关键字进行搜索，也可以对你添加的标签进行搜索，这样可以让你在短时间内找出想要阅读和查看的内容。

7.3.5 定期整理

我们放入印象笔记中的信息需要定期整理，最好是每周整理一次。

整理可以使我们对过多的信息进行梳理和清理，删除陈旧无用的信息，优化印象笔记的内部存储空间。

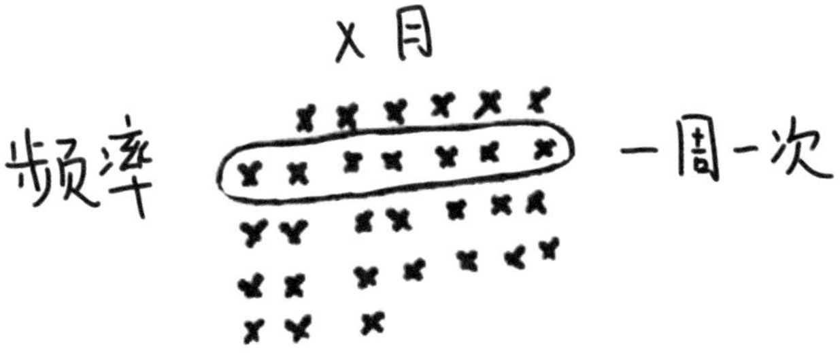

在整理的过程中，我们可以清楚地了解我们到底收藏了

哪些信息，哪些信息我们存储后一直忘记查看，哪些信息还需要继续寻找和添加，做到心中有数。

具体的整理步骤是：

1. 对于已经二次记录过，或已经使用过的原始信息，直接删除。

2. 对于还未阅读的信息，做好记录，列入下一步行动清单中。

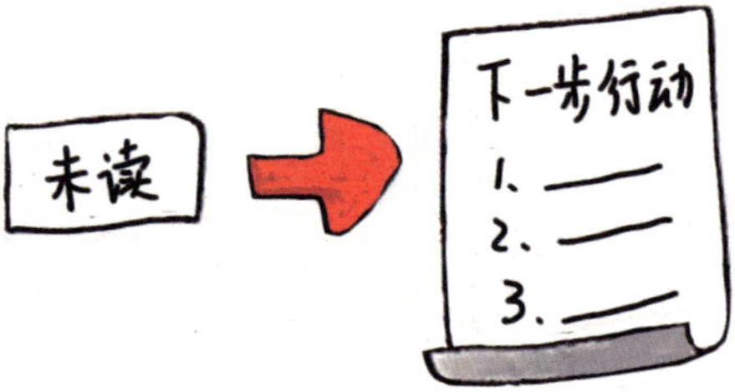

3. 查漏补缺，对于欠缺的信息，及时搜集新的内容添加进相应的笔记中。

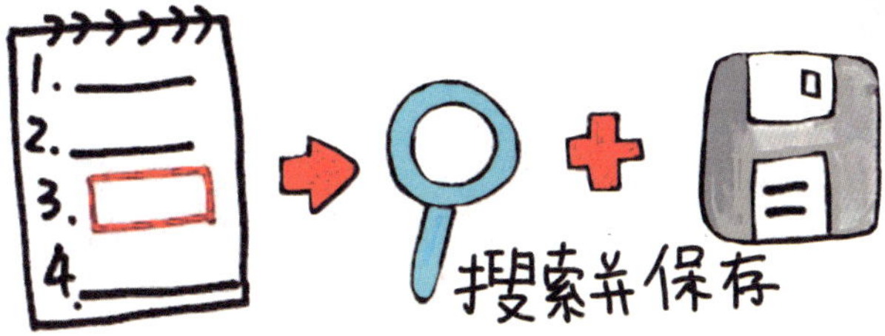

小复习：

1. 哪些信息可以存入印象笔记？

2. 你会怎样在印象笔记 App 中整理并储存本章的内容？

3. 如何建立阅读资料库？

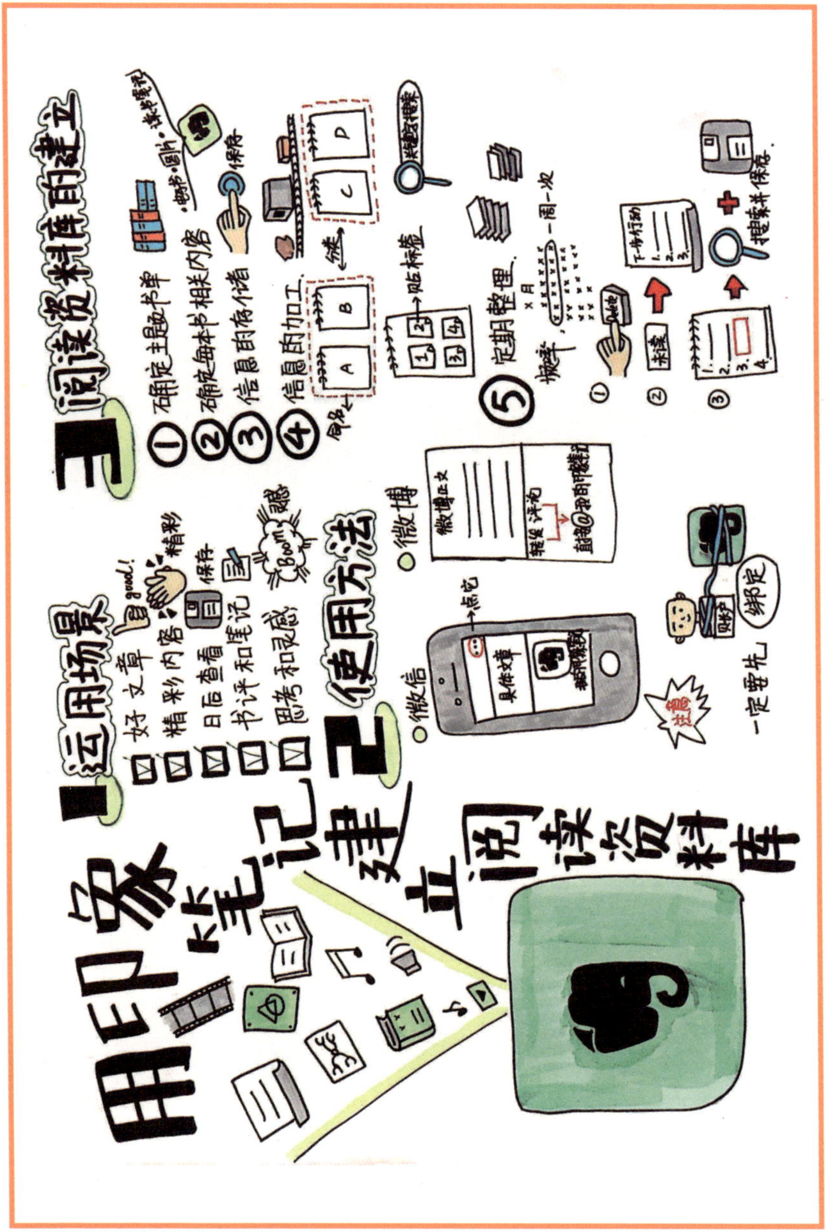
用印象笔记建立阅读资料库
1 运用场景
好文章
good!
精彩内容
精彩
日后查看
保存
书评和笔记
思考和灵感
Boom
2 使用方法
○微信
点它
具体文章
○微博
微博正文
转发 评论
一定要先
绑定
注意
账户
3 阅读资料库的建立
① 确定主题书单
② 确定每本书相关内容
③ 信息的存储
保存
④ 信息的加工
命名
A
B
分类
C
D
贴标签
关键字搜索
⑤ 定期整理
频率
一周一次
Delete
未读
下一步行动
搜索并保存

第八章

阅读后的输出

阅读是一个吸收知识的过程，而输出可以检验你对知识究竟内化了多少。我们阅读完一本书后，要尽快对学到的知识加以输出。

除了之前说到的读书笔记，还有很多方法可以对阅读进行输出。

输出可以锻炼表达的能力。有些时候，我们懂得很多道理，但因为我们的表达能力有限，当真的要说清楚一件事的时候，往往无法令对方完全理解。表达能力需要训练和学习，只有不断地输出，我们的表达能力才可能进步。

输出可以代表阅读的轨迹。阅读后可以回头来看看，我们学习到的知识到底有哪些？定期进行复盘和总结，可以加深对知识的理解。

输出可以见证学习的收效。阅读也是一种学习，经过对输出内容的判断和总结，我们可以看到自己对知识的掌握和理解程度，进而检验自己是否达到了阅读目的，阅读前的困惑是否已经有了答案。

总之，输出是检验阅读成效的有效手段。阅读完一定要尽快输出，这会使我们学到的东西更加牢固。

8.1 输出的形式

使用你喜欢的输出方式输出即可，通过持续不断地输出，日积月累你会看到自己的进步与成长。

输出的形式多种多样，通常分为三种类型，分别是音频的形式、文字的形式和图像的形式。大多数时候你可以选择一种形式，也可以结合多种形式，这可以锻炼你各方面的技能。

8.1.1 音频形式的输出

音频形式的输出指的是通过语音的形式表达自己对一本书的理解和感受，也可以是自己根据书中原理实践后的经验总结。我们可以通过音频笔记锻炼自己说普通话的能力、组织语言的能力和口头表达的能力。

制作语音笔记时，语气要柔和，吐词要清楚，内容要简单明了。当你用音频形式输出时，需要注意：你是要说给别人听，不是给自己听，在组织语言时，必须考虑听众的感受。

你可以在各大网络平台发送语音消息或电台广播，推荐的网络平台有喜马拉雅、千聊、微信群、微信公众号等。最好是持续且稳定地输出，这样可以在连续的训练过程中，锻炼输出的能力。

8.1.2 文字形式的输出

文字形式的输出指的是通过写作进行输出，这是我们比较常用的一种输出方式。文字形式的输出包括书摘、笔记、书评、再创作等。

文字的形式

你可以在手账本上写你的读书笔记，也可以利用手机平台上的有道云笔记、印象笔记等 App 做读书笔记。文字形式的输出，需要你有一定的写作能力。

文字形式的输出，需要注意文辞清楚明白。首先，要让大家看得懂你究竟写的是什么；其次，要写出你对这本书的具体感想和评价，这本书有哪些地方吸引了你，导致你为它写出了书评；最后，书评不需一蹴而就，而应该考虑随时增删补移。

文字形式的输出没有固定样式，可以是对书中原文的摘抄，可以是对主旨的提炼与概括，可以是联系自己的生活所做出的反思和感想，也可以是吸收原书思想，借鉴原书风格，使用身边的素材，创作出推陈出新的作品。

就书评来说，可以参考以下几点建议来写。

1. 你可以把读书笔记作为素材库，从中挑选出你想要写成文章的内容。此时你已经积累了丰富的素材，当你想要写某个方面的内容时，你只需要查找相应的素材，就可以根据具体的内容展开联想和想象，进行写作。

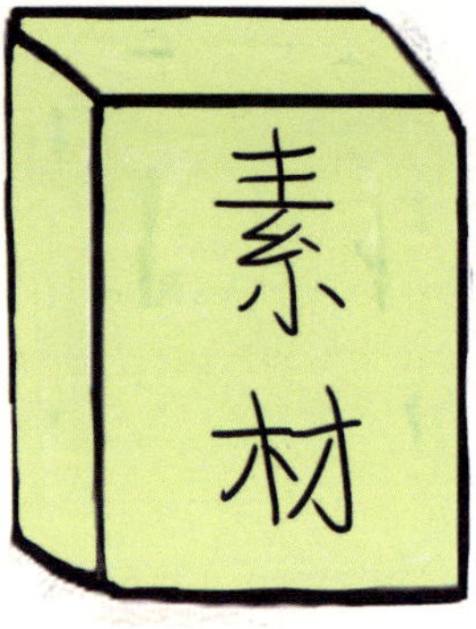

2. 内容里要包含对别人有价值的东西，保证有干货输出。阅读后输出的文章一定要是能带给别人帮助的，如果你不清楚哪些是对别人有帮助的内容，也可以写出对自己有帮助的内容；相应的，也会有跟你遇到相似问题的人，可以从你的内容中得到帮助。

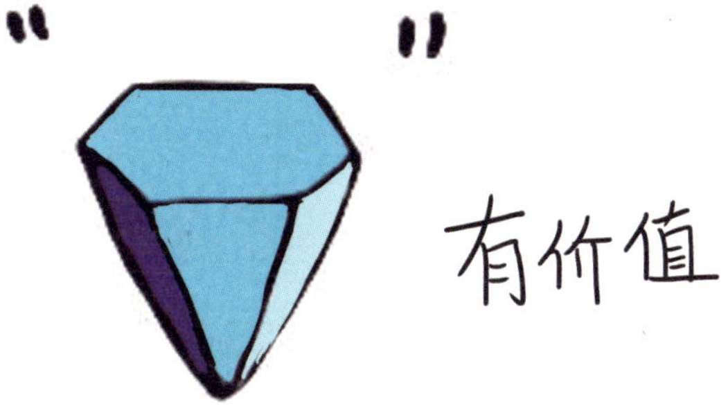

3. 文章内容中要含有你对阅读目的的解答和总结。这是你阅读这本书最原始的目的，是你阅读的动力所在，也是你在阅读过程中极力想要解决的问题，因此当你阅读完一本书后，应该对阅读目的进行一个解答和总结，这也是你阅读后最精华的部分。一本书只有能在物质或精神方面解决我们的问题，才值得我们用尽心思去学习。我们学习一本书，一定要能用它解决问题，这就是“知行合一”理念的一种体现。

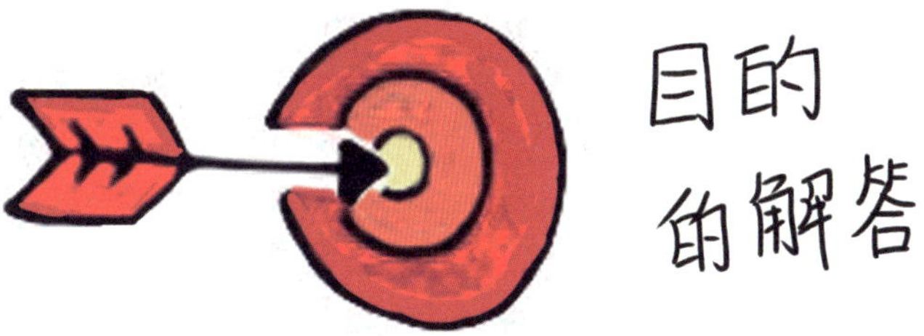

4. 文章内容中还可以加入你阅读后的思考和感想，结合自身情况的实际应用，你还可以结合当下的社会热点，写出一篇对别人有更多指导意义的文章。

发布书评的平台也有很多，简书、豆瓣、大鱼号、头条号、微信公众号和微博头条等各种平台，都藏龙卧虎，值得在上面长期经营自己的账号。

8.1.3 图像形式的输出

图像形式的输出具体指的是视觉笔记和思维导图的输

出，这在之前的章节里有详细说明。这两种方式的输出常常会结合文字和语音的形式一起进行输出，让别人在看文章或听音频的时候能结合图像的内容加深理解。

8.2 分享

分享是检验你阅读成效的又一个好方法，当你把学到的内容分享出去时，这些内容已经内化成你自己的知识。

做完输出之后，可以时不时复习自己学到的内容，加深理解和记忆。也可以把你输出的内容分享出去，让更多的人从中受益。分享之后，你可能得到正面的称赞支持，可能得到中性的批评建议，也可能得到负面的驳斥辱骂，无论如何，这一切都会让你的思维和眼界更加开阔，产生更强的写作能力。更强的写作能力让你更有动力持续输出和分享，从而形成一个从输入到输出，再从输出到输入的积极闭环。

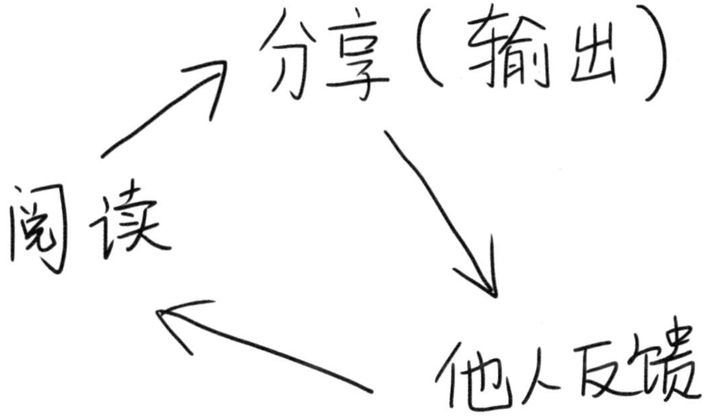

分享的好处有很多，分享可以给你带来积极的意义，当你看到大家从你分享的内容中得到收获，当你看到大家对你的鼓励和支持，你会更有动力不断学习和分享。

分享中，别人可以根据你的分享提出意见和建议，这样有助于你的成长。你可以从他人的评价中了解到自己对知识的掌握程度，思考如何更好地把知识分享给大家，从而发现自己的不足，进而改善和进步。

在分享的同时你可以学到更多。当你把学到的知识分享给更多人的时候，你会考虑怎样分享才会让别人懂得你的意思，你会不断完善你要分享的内容，分享也可以促使你学习更多的东西。

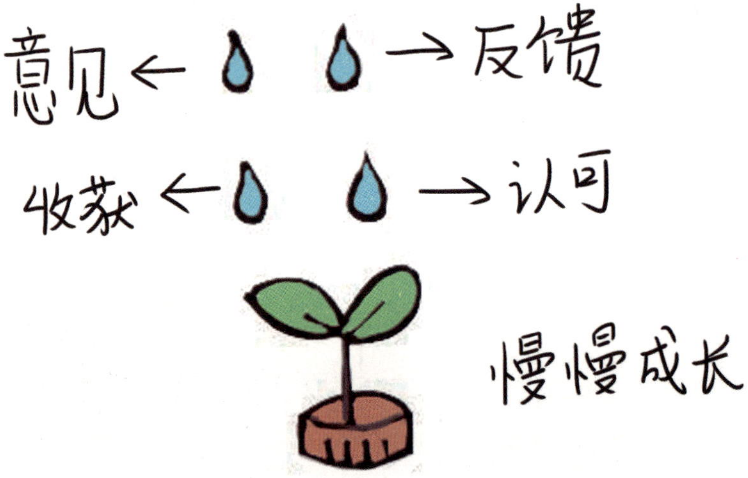

当你开始分享的时候，可以从一个小点出发，慢慢积累，一步一步成长。分享的东西一定要是有价值的东西，当你坚持不断地进行分享的时候，你还会慢慢形成自己的影响力，打造个人品牌。

小复习：

1. 阅读后的输出有哪几种形式？

2. 如何才能持续不断地分享？

1 输出的形式
音频的形式
文字的形式
图像的形式
① 素材
② "有价值"
③ 目的的解答
④ 思考感想
2 分享
分享（输出）
阅读
他人反馈
意见 ← → 反馈
收获 ← → 认可
慢慢成长
阅读后的输出

第九章

阅读的延伸

我们阅读是为了改变自己，成为更好的人。

通过阅读，我们获得了通往成功的门票。当你掌握了阅读技巧，经历了大量阅读之后，你可以逐渐打造自己的个人品牌，可以运营阅读社群，还可以举办读书会，阅读的衍生产品很多，以上三种方式是比较常见且有意义的。

这三种方式是相辅相成的。当你拥有了与阅读相关的个人品牌，你会积累一定粉丝，也会在阅读方面有一定的影响力；当粉丝及影响力均具备时，你可以运营一个阅读社群，你的粉丝将会很乐意加入你的社群；当你有了社群，你就可以举办各种各样的活动，在活动中结交更多的好友，进而获得一些商业合作。

9.1 个人品牌

个人品牌的建立是对你能力的一种认可和检验，当别人愿意为你的能力埋单，证明你的个人品牌已经深入人心。

你有没有想过，当你把阅读这件事认真做下去的时候，可以积累巨大的能量，从而拥有巨大的成就。在这个人人都是自媒体的时代，每个人都可以打造自己的个人品牌。当你把阅读做到了极致，你就拥有了个人品牌。

拥有个人品牌到底有什么意义呢？

当你拥有了个人品牌，你的能力和才华都已经得到认可，你想要做的事情就会更容易实现，不论是帮助别人实现梦想还是做一些你以前想都不敢想的事情。

当你拥有了个人品牌，你就可以弯道超车，快人一步，甚至可以以此盈利。

当你拥有了个人品牌，你会更有动力持续地去做你想要做下去的事情，你会发现坚持会变得很轻松。

由于你对他人造成了正面影响，你就更可能得到他人的正向回馈，这会激励你继续去做你想要做的事情，如此形成一个正向循环。

打造个人品牌需要有正确的定位，因此必须全面了解自己。

个人品牌的定位可以从 3 个方面入手。

1. 你有怎样的能力？

当你决定在阅读方面打造自己的个人品牌时，你必须清楚你在阅读上的能力究竟有多大。是阅读速度很快，一年可以读 200 本书？还是你阅读完能很快地输出，可以第一时间打造爆款文章？又或者你可以高效地教大家如何阅读，从而帮助全民阅读？这些是你必须要清楚的问题。

2. 你给人的印象是怎样的？

你给人的印象决定了你的品牌给人的印象。个人形象能帮助你和他人快速建立情感认同，人们会判断你是否值得信任，是否值得花时间、花精力去了解和学习。

3. 你能在阅读这件事上持续投入的时间和精力究竟有多大？

当你打算持续做阅读这件事的时候，必须要有强大的内驱力驱使你不断去做。不断在这个领域深挖下去，才能形成个人品牌。

通过以上内容，我们可以看出发展个人品牌所面临的两大主要问题：

1. 你能否做好客户画像？你能为他们提供怎样的价值？

打造个人品牌，一定要对别人有帮助，可以一直传递价值，有优质内容持续输出。这是打造个人品牌必须要清楚的一件事情。

用户画像包括用户的年龄、爱好、痛点和关注焦点等。当你想通过阅读来打造个人品牌，你就要清楚：你可以帮助哪些群体？具体是哪个年龄阶段的？他们偏向哪些阅读主题和内容？他们的关键痛点有哪些？你的用户画像越清楚，你打造的个人品牌就越有针对性，就更可能成功。

你需要在某个领域做到专精。深究某个领域的知识，稳稳扎根在那个领域。每个领域的专家都有很多，你如何才能脱颖而出？必须要有跟别人不一样的吸引点。同样是阅读，结合的内容不一样，就可以做得出色而不雷同。例如，同样是讲高效阅读，本书和视觉笔记结合，就给人耳目一新的感觉。现在，可开掘的领域都划分得很清楚，你可以仔细思索一下，看看阅读和什么样的内容结合，会擦出不一样的火花。

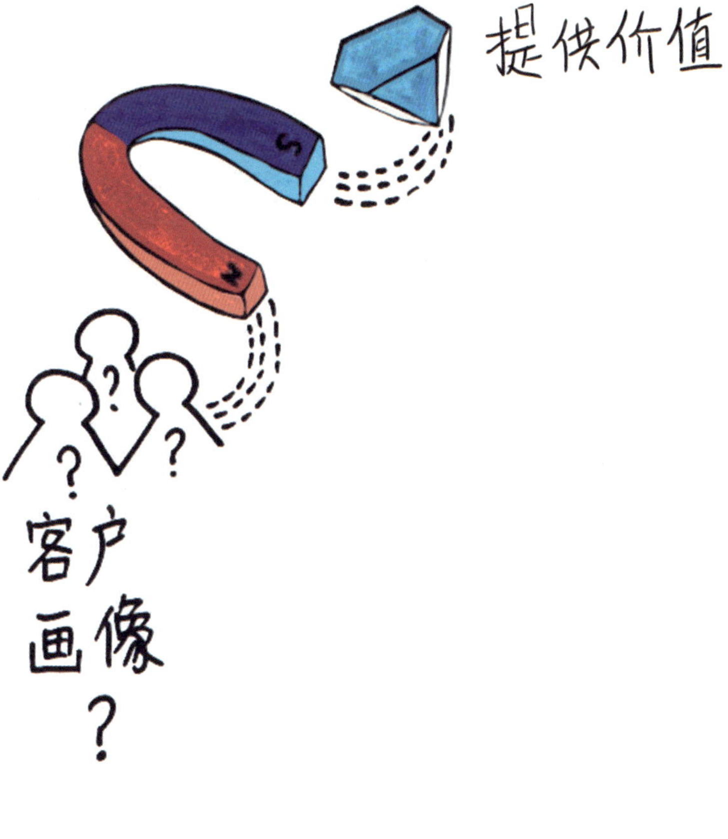

2. 你的标志性宣传语应该是什么？

你可以用一句话彰显自己的个人品牌。最好能准备一张合适的正装照片，加上一段精简的描述，包括可提供的价值点、个人简介及目标愿景等，不要忘记留下经常活跃的自媒体平台的二维码等联系方式。这就像你的名片一样，将会在各种场合传播开去。

你不仅要让别人知道你是谁，更重要的是，要让别人一看到某句话或某个特定的内容，就立刻想起你。你在别人眼中的标签越清晰、越具体，越容易被人记住。因此，你的标志性宣传语一定要简洁有力，之后再不断地强化你的标签，让大家牢牢记在心里，这样你就可以让别人用你选择的方式来定义你。

当你拥有了个人品牌，你还需要做的事情就是：宣传你自己。一定要懂得营销和传播才能持续扩大影响力。

个人品牌的营销跟产品的营销其实是一样的，卖产品实际上是在卖好感。当我们把产品销售出去的时候，让大家付费的，最关键的不是产品质量，市场上替代品很好找；让大家付费的，是大家对你的好感。只有大家信任你，相信你赋予产品的品牌调性和品牌价值，你的产品才能更快脱销。

首先，统一 VI。VI 即 Visual Identity，即企业视觉设计，通译为视觉识别系统。要让别人记住我们，我们必须有明确的名号、头衔、头像、简介及官方色系。当你在各个平台的视觉识别系统深入人心，让新老用户都能第一时间感知并识别，你的品牌的商业影响力才更易扩散。

其次，会讲故事。打造个人品牌需要培养讲故事的能力。推销自己的时候，实质是在给别人讲故事，你的故事越动听，越感人，别人对你才会印象深刻，想要认识你，继续了解你。

再次，持续分享。当你还想继续扩大影响力的时候，你需要持续分享。要让大家通过分享看到你的价值和能力，当大家真的从你的分享中受益的时候，才会觉得你是对他们有用的人，才会对你产生信赖，你才可以通过阅读去影响和帮助更多的人。

最后，打造课程。当你在分享的过程中，积累了大量的经验和案例，学到了更丰富的知识，建立了自己的阅读体系，也得到了用户对你的更多反馈，此时你就可以通过打造课程进一步加深你的影响力。开课可以检验你的个人品牌是否成功，别人是否认可你的价值。

持续不断输出的价值是你的核心竞争力，也是你打造个人品牌的基石。

9.2 社群运营

运营一个社群好比管理一个公司，合理的运营可以使社群良好运转。

当建立个人品牌之后，你就可以凭借着你的影响力和粉丝群打造你的阅读社群了。当然，即使你还未建立个人品牌，只是单纯地想要建立一个阅读社群也是可以的。这里介绍的方法可以给你一个参考。

9.2.1 社群的建立

和建立个人品牌一样，你先要明确地知道：你建立这个社群是为了谁？你想把一群怎样的人聚集在一起？你心里最好有一幅成型的客户画像，想清楚成员们的社会地位、兴趣爱好、价值观等，越清楚越好。

社群定位

当你明确了社群的定位之后，还需要思考一下，社群的群文化和群规是什么？群文化可以帮你筛选出志同道合的伙伴，群规则可以帮你营造良好的社群环境。

接下来你需要考虑的事情就是社群的平台选定。当下社群平台优劣比较如下：QQ 群的优势是群人数可达 5000 人，缺点是人太多不好管理。微信群的优势是使用方便，目前大多数人都有微信，使用频率高，缺点是每个群最多 500 人，不过对于刚起步的社群来说，是一个比较合适的选择。微博也有相应的微博群，不过普及度不高。因此，我比较推荐大家选用微信群来作为运营社群的平台。

当你建好社群之后，谁会是第一批加入的成员呢？社群成员的引流一般有以下几种方法：首先，大多数都是从身边的朋友开始，你们的价值观和喜好有很多相似的地方，因此朋友也会很乐意加入你的社群。其次，利用好你的朋友圈。如果你是一位有影响力的人，也擅于经营朋友圈，那么你的好友也会对你的社群感兴趣。再次，如果名气够大，微博群的粉丝很可能会自发聚集。

当你已经建立好社群，有了第一批成员加入，接下来就要全面展开社群的运营。

你需要营造良好的社群氛围。在社群中，只有群文化和群规是不够的，更重要的是让成员加入这个社群之后有仪式感、归属感和参与感。

仪式感的建立可以是在加入之前填写申请表，让他们觉得加入这个社群是一件十分正式的事情；可以是加入之后做个简短的自我介绍，分享一下自己加入社群的初心；可以是定期群内讲座、布置作业以及线下聚会；等等。当每个加入的人都这样做的时候，会产生强烈的仪式感，成员会对这个社群更加重视。

归属感是要让成员们觉得来到这个社群有家的感觉，有一群温暖的伙伴，群里的每个人都很热心且真心付出。这需要群主付出真心，认真对待群里的每个成员，成员有问题可以及时解决，成员有进步可以给予鼓励，群主可以细心地记住每一位成员的生日，认真对待每一次的活动和分享。

参与感的建立只有通过无数细节建立：可以一起讨论活动的主题，可以经常分享自己的阅读心得和方法，可以每天签到和阅读打卡。每次活动都应当友善，只有让成员觉得受尊重、被重视，自己参与的价值得到认可，群氛围才会良性发展。

9.2.2 社群核心

社群的运营不仅仅关乎“人”的因素，但人是社群运营的核心因素。群主、核心成员和普通成员在群内应当是人格平等的，社群应当以人为本。

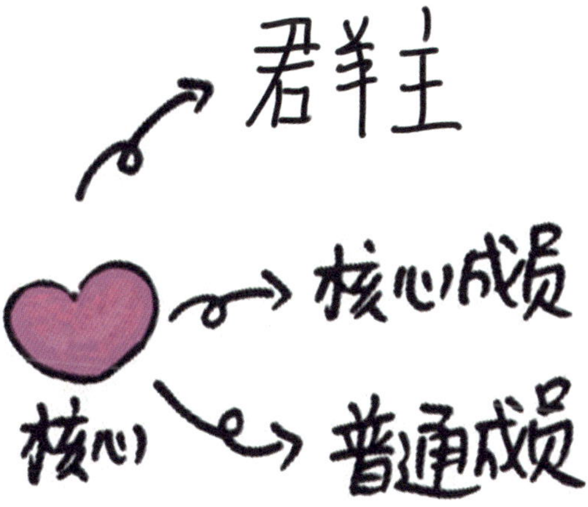

群主是一个社群的发起人，也是社群持续发展的主心骨，群主必须有较强的能力和较稳定的价值观。第一，群主必须清楚自己建群的初心，这是一个社群稳步向前的动力，如果一直坚持初心，社群会一直存在；当群主没了建群时的初心，这个群就会像没了主心骨一样，很容易分崩瓦解。第二，群主必须要不断地给成员提供价值，成员在社群里真正有所收获，他们才会愿意继续在社群里学习和分享。

运营一个社群不是一项简单的工作，群主必须具备多方面的能力。群主也可以招募几个核心成员一起来运营这个社群。运营社群涉及的能力有影响力、文案能力、宣传能力、策划和组织能力、沟通能力、链接资源的能力、挖掘成员需求的能力、市场调研的能力和团队建设的能力。群主在选择核心成员的时候，重点考察一下他们是否具备这方面的能力，当然核心成员们也可以在运营的过程中一边学习一边实践。

在核心成员的选择上，必须要选择跟群主和社群有共同理念的人，认可社群文化，同样充满热情和真心。当核心成员和群主有共同的理想与抱负的时候，他才能感染其他人，让其他人也愿意加入这个社群。核心成员里的每个人必须分工明确，对自己的义务和权利了若指掌，能独立完成相应的任务。当社群发展到达瓶颈期的时候，可以适当地更新一下核心成员的组成，让队伍里有新鲜血液加入，利于成员之间碰撞出更多的思想火花。

社群里的普通成员是社群的重要组成部分。社群的发展与壮大需要每个成员认真的参与和传播，成员的每一次参与和传播都是一次宣传和推广的机会。我们要鼓励成员输出和分享，对好的输出和分享我们需要给予奖励，提高成员输出和分享的积极性。

9.2.3 社群活动

社群里应定时举办活动，活动可以分为线上活动和线下活动。线上活动可以是增加成员参与感的打卡、签到活动，也可以是阅读达人的分享会；线下活动可以是书友聚餐，也可以是书友郊游，形式可以多种多样，目的是增加成员们的黏性，给大家提供确切的价值和交友的平台。

活动的宣传与推广可以是转发抽奖，可以是成员转发朋友圈，也可以是抱大腿，让更有影响力的博主和公众号转发。活动可以只针对社群成员，也可以对外开放，目的是吸引更多的人加入社群。

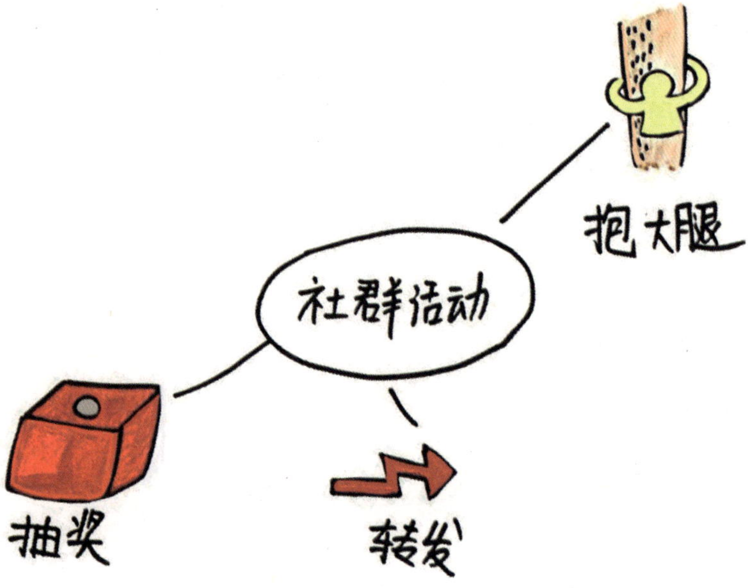

9.2.4 阅读社群

以上是建立社群的一些基本方法和步骤。如果是建立阅读社群，还有以下几点可以参考。

1. 阅读社群的定位是什么？

你要想清楚你建立的阅读社群的定位是什么。

是想要聚集一群志同道合的伙伴，大家在一起分享阅读相关的内容？是想要聚集一群对阅读感兴趣，却不知道怎样才能高效阅读的人，想要把你对阅读的理解和方法传播给更多的人？是想要把阅读达人聚集在一起，对阅读达人的读书方式有兴趣，计划更深入地学习和借鉴？

阅读社群的规模因人而异，有的人希望社群里人越多越好，资源越丰富，分享的内容就会更多，得到的收获也会更大；而有的人想运营一个小而美的社群，只想要为数不多的真正对阅读感兴趣的人，聚集在一起，认认真真地把阅读这件事坚持下去。只要你的初心不变，有一个明确的社群定位，你想要运营怎样的社群都是可以的。

2. 阅读社群的活动有哪些？

运营阅读社群，有几个活动可以参考：每日读书活动、读书笔记分享、图书漂流、阅读手账分享、共读一本书、每日推荐心动书籍、达人分享阅读方法等。关于阅读的活动很多，可以从一些简单的活动开始，以书为主的活动，比较容易让大家参与进来，也比较容易积累口碑和人气。你也可以发挥创意想一些好玩又有意义的活动，开展活动最重要的一点是付出真心，能挖掘出活动的价值，让大家都有收获。

3. 阅读社群的输出有哪些？

阅读社群的输出，包括成员的读书笔记、阅读心得、篇章摘抄、书评文章、语音分享、视频分享以及共同创作等。鼓励成员多输出，高质量的输出不仅可以提升成员的个人能力，也可以展现社群价值，扩大社群影响力。

社群运营的核心是人的管理，付出真心对待每一个人，才能使社群更具凝聚力，走得更远。

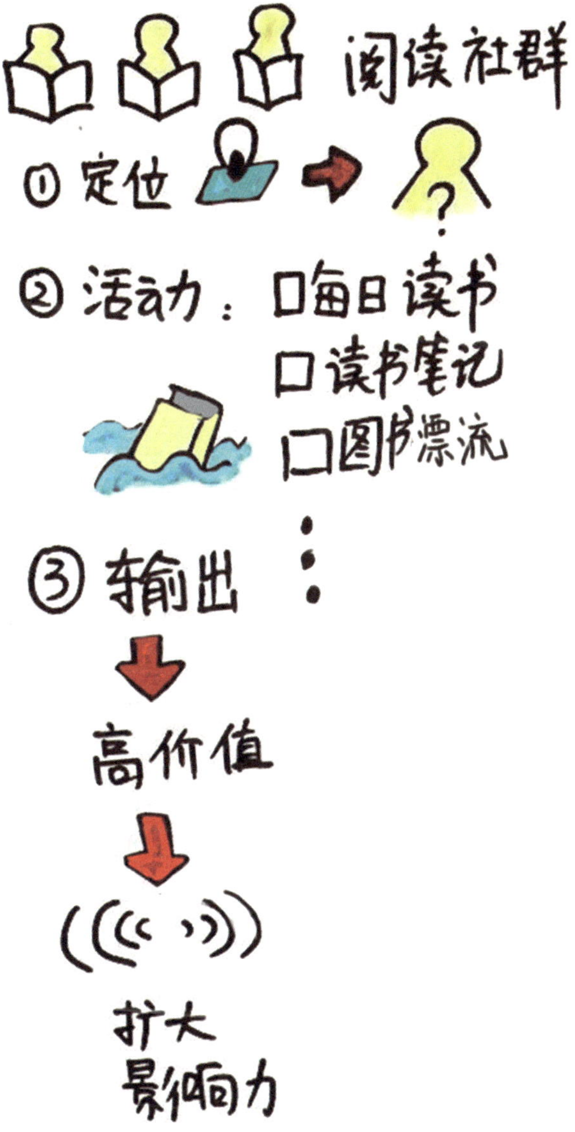
阅读社群
①定位
②活动：
□每日读书
□读书笔记
□图书漂流
③输出
高价值
扩大
影响力

9.3 线下读书会

线下读书会是最接地气的社群活动，它可以聚集一群热爱阅读的伙伴，坐下来一起聊聊阅读这件小事。

举办一场读书会，主办人需要进行一系列的策划，包括活动主题的选择，活动的宣传和实施等。其中，最关键的一点是思考活动的主题，活动的主题一定要满足成员的需求，找到他们想要参加活动的动机和心理，比如，他们想要针对问题寻求某种答案或解决方法；他们对某种内容和形式的书籍很感兴趣；他们想要聚集在一起，丰富业余生活，认识更多志同道合的朋友等。我们可以通过采访和调查，进行市场调研，挖掘出大家感兴趣的点，并找出合适的主题开展活动。

当有了明确的活动主题后，我们可以协同核心成员一起展开活动的准备工作。每个成员的分工必须明确，落实到具体的任务中去，大家齐心协力举办好一场活动。

我们需要编写活动文案，制作活动海报，再进行推广。

如果只想在社群里招募参加成员，则只需要在社群里进行活动的宣传。如果是想要扩大招募的范围，则可以在微博上设置转发抽奖，吸引大家的围观与转发，用小小的福利达到推广的目的；可以求助名人或微博大V进行转发和宣传；也可以与别的社群和店铺联合举办，让合作伙伴一起进行联合推广，这样不仅可以招募到更多的伙伴，也会吸引不同的朋友加入进来，实现资源的互置与共享。

我们还需要不断地去链接更多的资源，包括举办场地的洽谈、广告商的引进和分享嘉宾的邀请等。我们有较强的沟通能力和影响力，别人才会对我们的活动感兴趣，从而提供一些有价值的帮助。在沟通时，要讲明我们能给到对方哪些好的资源和条件，如何帮助对方宣传他们的产品和服务。先要让对方受益，对方才会为我们提供资源和帮助。只有形成共赢的模式，才能使双方形成最佳合作。

接下来就是活动环节的设想和确认。核心成员们可以举行头脑风暴，设想一下活动的创意部分，怎样才能给大家留下深刻的印象，怎样才能把活动办得出彩好玩。在场景的布置上也尽量美观有新意，让每个参加的成员都有惊喜体验。在活动开始前，需要一个个确认成员们是否能准时达到，也提醒大家活动开始的时间，力求在细节上做到最好。在活动的进行过程中，也可以设置很多惊喜环节，例如问答抽奖等各种吸引人注意力的小活动，算是对活动的调剂和点缀。在活动中，分享有价值的、超出成员期待的内容，让他们觉得这场活动很值得参加，并物超所值。

线下读书活动并不是分享完就算了，活动的后续也相当重要。我们要在活动结束后，让成员给我们提供反馈意见，更要及时对活动进行复盘。复盘的内容包括活动中的不足和不够完善的地方，在以后的活动中改进；还要找出成员反响比较好的地方，可以在之后的活动中继续沿用。在活动最后找出有影响力的环节、正面的反馈及优质的活动成果，通过多个渠道分享，加大宣传力度，吸引更多优质的资源和成员加入我们。

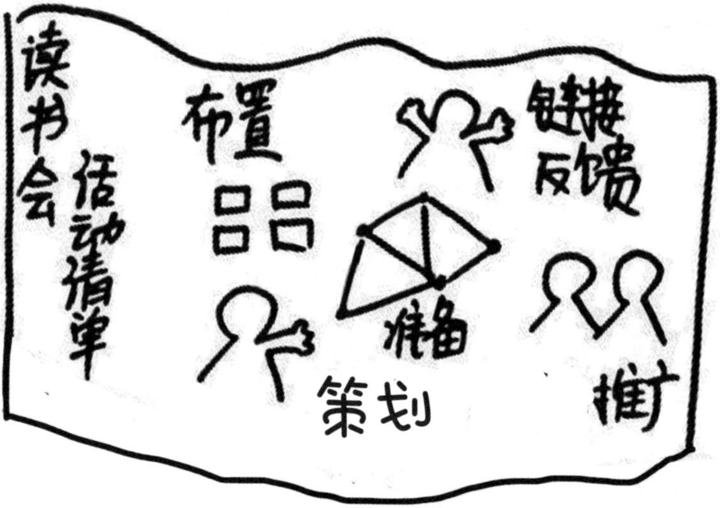

举办活动的时候，一定不要忘记初心，举办一场有人情味的活动。具体表现在以下四个方面。

1. 注重用户体验

用户体验表现在很多方面，首先，活动的主题必须认真挑选，最好是大家都感兴趣的话题，活动预告的海报和文案必须能够吸引人。对主题感兴趣会吸引一部分人的关注，再加上看了海报和文案，会让人更加动心。

其次，举办者必须提前想清楚读书会的每个环节，想到会发生的情况和应对的措施，要仔细思考怎样会让人有参与感和归属感，让他感觉来到读书会就像回家一样温暖，这样他才会一直想来。我们可以在活动中注意细节的把握，增加人情味的设置，让他觉得参加这个活动比其他活动更暖心，更能考虑到他的感受。

再次，请他们把参加活动的感受发表出来，分享出去，吸引更多的人来参加。同时建立读书会的视觉识别系统，做好自己的口碑。

2. 增加临时群

在读书会的开始可以建立一个参加成员的临时群。由于群成员有一部分是社群人员，有一部分是对外招募人员，组建临时群的好处是，一些资料可以在群里发布，不会对阅读社群里没有参加活动的成员造成打扰。另外，对外招募的成员都是阅读社群的潜在成员，通过活动的后续环节，可以把他们招募成自己的阅读社群成员。

3. 认真做好反馈工作

一场读书会并不是举办之后就结束了，更重要的是，在接下来的日子里，成员会因为此次读书会得到什么收获？有哪些改变？在结束后，我们要以文字、图片、音频、视频等形式，及时记录下美好的回忆。还可以设置一个反馈机制，用数据表单的形式记录下每个成员对读书会的真实感受和收获，并鼓励成员定期分享自己的改变与成长。

4. 用心对待每一位成员

我们因为读书会相识，因为分享而相知，因此每个人的遇见都是缘分，我们应该真诚地对待每一位成员，这些志同道合的伙伴或许会成为我们最好的朋友。你对别人的真心别人是感受得到的，这世上最稳定的关系是真诚的友情和无私的奉献。

我们还应该主动去发现每个成员身上的亮点和资源，让他加入到对应社群的打造和运营上来，增强他的参与感，让他们体验到举办和参与活动的乐趣。

一场优秀的读书会可以让每位参加的成员意犹未尽，流下泪来。对此，我们需要不懈努力。

小复习：

1. 阅读的延伸有哪几个环节？
2. 社群运营的核心是什么？
3. 举办读书会有哪些注意事项？

阅读的延伸
1 个人品牌
定位
个人品牌
客户画像？
提供价值
名片
标签
加深影响力
① 技能包
② 第一印象
③ 时间和精力
2 社群运营
社群定位
群主
核心成员
普通成员
核心
共同理念
社群活动
抽奖
阅读社群
① 定位：
② 活动：□每日读书
□读书笔记
□图书交流
③ 输出
把关
转发
高价值
扩大影响力
嗯，我很满意！
① 用户体验
② 临时群
③ 反馈工作
打扰
发布资料
潜在成员
反馈宣传
读书会
不忘初心，有人情味。
④ 用心对待
资源
亮点
成员
爱
3 线下读书会
链接反馈
读书会活动流程
布置
策划、准备、推广